LES

HUIT JOURNÉES DE MAI

DERRIÈRE LES BARRICADES

PAR

LISSAGARAY

« Le cadavre est à terre et
l'idée est debout. »
V. HUGO

BRUXELLES
BUREAU DU PETIT JOURNAL
26, rue l'Écuyer

1871.

LES

HUIT JOURNÉES DE MAI

Bruxelles. — Imp. A. Mertens.

LES

HUIT JOURNÉES DE MAI

DERRIÈRE LES BARRICADES

PAR

LISSAGARAY

« Le cadavre est à terre et
l'idée est debout. »
V. HUGO.

BRUXELLES
BUREAU DU PETIT JOURNAL
26, rue l'Écuyer.

1871.

Cette première édition est un simple cadre que les témoins oculaires sont appelés à remplir. Notre but principal en la publiant est de réunir le plus de renseignements possible pour servir à l'histoire authentique des Journées de Mai.

Elles n'ont été jusqu'à présent racontées que par les vainqueurs. Nous espérions que quelque relation de derrière les barricades viendrait protester contre de ridicules récits. Après quatre mois, personne n'élevant la voix, c'est un devoir croyons-nous, de provoquer une enquête.

Nous l'ouvrons aujourd'hui en produisant tous les faits que nous tenons de *sources certaines.*

Nous n'avons admis et nous n'admettrons que des témoignages directs, sévèrement contrôlés. Aussi nous ne faisons appel, pour l'édition prochaine, qu'aux seules dépositions des survivants de cette lutte, et nous accepterons avec reconnaissance les informations, les rectifications et les lumières qu'ils voudront bien nous communiquer.

Le 19 avril 1871 la Commune publia le manifeste suivant, qui renferme le programme de principales réformes communales, sociales et politiques pour lesquelles elle fut instituée :

« La Commune a le devoir d'affirmer et de déterminer les aspirations et les vœux de la population de Paris, ainsi que de préciser le caractère du mouvement du 18 mars, incompris, inconnu, calomnié par les hommes politiques qui siégent à Versailles.

„ Cette fois encore, Paris travaille et souffre pour la France entière, dont il prépare, par des combats et des sacrifices, la régénération intellectuelle, morale, administrative et économique, la gloire et la prospérité.

„ Que demande-t-il ?

„ La reconnaissance et la consolidation de la république.

» L'autonomie absolue de la Commune étendue à toutes les localités de la France, assurant à chacune l'intégralité de ses droits et à tout Français le plein exercice de ses facultés et de ses aptitudes, comme homme, comme citoyen, comme travailleur.

» L'autonomie de la Commune n'aura pour limites que le droit d'autonomie pour toutes les autres communes adhérentes au contrat dont l'ensemble doit assurer l'uniformité française.

» Les droits inhérents à la Commune sont : le vote du budget communal des recettes et des dépenses ; la fixation et la répartition de l'impôt ; la direction des services locaux, de la police intérieure et de l'enseignement ; l'administration des biens appartenant à la Commune ; le choix par l'élection ou le concours, avec responsabilité et droit permanent de contrôle, e la révocation des magistrats et fonctionnaires communaux de tout ordre ; la garantie absolue de la liberté individuelle, de la liberté de conscience et de la liberté du travail ; l'intervention permanente des citoyens dans les affaires communales par la manifestation de leurs idées, par la libre défense de leurs intérêts; des garanties données à ces manifestations par la Commune, seule chargée de surveiller et d'assurer le libre et juste exercice du droit de réunion et de publicité; l'organisation de la défense urbaine et une garde nationale élisant ses chefs et veillant seule au maintien de l'ordre dans la cité.

„ Paris ne demande rien de plus, à titre de garanties locales, à la condition, bien entendu, de retrouver dans la grande administration centrale et une délégation des Communes fédérales la réalisation et la pratique des mêmes principes.

„ Mais à la faveur de son autonomie, et profitant de sa liberté d'action, il se réserve d'opérer comme il l'entendra chez lui les réformes administratives et économiques que réclame la population, de créer les institutions propres à développer et à propager l'instruction, la production, l'échange et le crédit, d'universaliser le pouvoir et la propriété suivant les nécessités du moment, le vœu des intéressés et les données fournies par l'expérience.

„ Nos ennemis se trompent ou trompent le pays, quand ils accusent Paris de vouloir imposer sa volonté ou sa suprématie au reste de la nation et de prétendre à une dictature qui serait un attentat contre l'indépendance et la souveraineté des autres communes.

„ Ils se trompent quant ils accusent Paris de poursuivre la destruction de l'unité française, constituée par la Révolution. L'unité, telle qu'elle nous a été imposée jusqu'à ce jour par l'empire, la monarchie et le parlementarisme, n'est que la centralisation despotique, intelligente, arbitraire ou onéreuse. L'unité politique, telle que la veut Paris, c'est l'association volontaire de toutes les initiatives locales, le concours spontané, libre, de toutes les énergies individuelles, en vue du but commun, qui est le bien-être, la liberté et la sécurité de tous.

„ La révolution communale commencée par l'initiative populaire, le 18 mars, a inauguré une ère nouvelle de politique expérimentale, positive, scientifique. C'est la fin du vieux monde gouvernemental, clérical, militariste, fonctionnariste, la fin de l'exploitation, de l'agiotage, des monopoles, des priviléges auxquels le prolétariat doit son servage et la patrie ses malheurs et ses désastres.

„ La lutte engagée entre Paris et Versailles est de celles qui ne peuvent se terminer par des compromis illusoires; mais l'issue n'en saurait être douteuse. La victoire, poursuivie avec une indomptable énergie par la garde nationale, restera à l'idée et au droit.

„ Nous en appelons à la France avertie que Paris en armes possède autant de calme que de bravoure, qu'il soutient l'ordre avec autant d'énergie que d'enthousiasme, qu'il se sacrifie avec autant de raison que d'héroïsme, qu'il ne s'est armé que par dévouement pour la liberté et la gloire communes.

„ Que la France fasse cesser ce sanglant conflit. C'est à la France à désarmer Versailles par une manifestation solennelle de son irrésistible volonté.

„ Appelée à bénéficier de nos conquêtes, qu'elle se déclare solidaire de nos efforts; qu'elle soit notre alliée dans ce combat qui ne peut finir que par le triomphe de l'idée communale ou par la ruine de Paris.

„ Quant à nous, citoyens de Paris, nous avons mission d'accomplir la révolution moderne la plus large et la plus féconde de toutes celles qui ont illuminé l'histoire ; nous avons le devoir de lutter et de vaincre. »

Tels furent les hommes et le drapeau qui luttèrent à outrance pendant les Journées de Mai contre les idées, les institutions et les généraux de l'empire.

CHAPITRE PREMIER

Le dimanche 21.

Le concert des Tuileries. — Ducatel. — Entrée des Versaillais. — La dépêche de la guerre. — Vanteries de M. Thiers. — L'armée communaliste. — Les chefs. — Le 18 mars. — Le Comité central. — Conflits de pouvoirs. — L'armement. — L'état-major. — Les services spéciaux. — La porte Maillot. — Ni ordre ni discipline. — Cluseret, Rossel, Delescluze. — La véritable valeur de l'armée. — Panique. — Occupation du Trocadéro et de la Muette. — Les Versaillais s'étendent dans Paris. — Leur plan.

Le dimanche 21 mai, à deux heures de l'après-midi, plus de huit mille personnes assistaient au concert donné dans le jardin des Tuileries au profit des veuves et des orphelins des gardes nationaux morts pour la Commune. Ce concert, annoncé depuis plusieurs jours, devait avoir lieu place de la Concorde; mais le samedi soir, on avait jugé prudent de ne pas exposer l'auditoire aux obus versaillais qui dépassaient de beaucoup le rond-point des Champs-Élysées.

Les femmes en grande toilette remplissaient les allées. Le ciel était radieux. Au-dessus de l'Arc de Triomphe voltigeaient les panaches de fumée des boîtes à mitraille. Les obus faisaient rage à moins de cinq cents mètres, sans que le public, tout entier à l'excellente musique de la garde nationale, daignât le moins du monde s'en émouvoir.

A quatre heures et demie, le lieutenant-colonel d'état-major X (1) monta sur l'estrade, d'où le chef d'orchestre dirigeait ses treize cents musiciens, et dit textuellement :

« Citoyens, M. Thiers avait promis d'entrer hier à Paris. M. Thiers n'est pas entré ; il n'entrera pas. Je vous convie pour dimanche prochain 28, ici, à la même place, à notre second concert au profit des veuves et orphelins. »

A cette heure, quatre heures et demie, l'avant-garde des Versaillais entrait par la porte de Saint-Cloud.

(1) Nous avons dû, on le comprendra, nous imposer certaines réserves dans le récit de ces événements, par exemple supprimer les noms propres.

Depuis quelques jours, les Versaillais campaient au pied des remparts, depuis Montrouge jusqu'à la porte Maillot. Les forts d'Issy, de Clamart, de Vanves, du petit Vanves, avaient succombé. Auteuil, Passy, le Point-du-Jour, étaient violemment bombardés, et de nombreux obus tombaient au Trocadéro. En outre, les soldats faisaient de ce côté de grands travaux d'approche. Leurs attaques, leurs succès, l'importance stratégique de cette position, qui est la clef de Paris, tout indiquait que l'assaut serait donné sur ce point et qu'il serait prochain. Mais la lassitude avait gagné les plus énergiques. Les mêmes bataillons de la garde nationale étaient sur pied depuis tantôt deux mois. Les mêmes hommes avaient soutenu sans être relevés tout le poids de la guerre. A bout de forces, découragés par leurs échecs constants, mécontents de leurs officiers, ils avaient perdu leur premier élan et jusqu'à leurs habitudes de vigilance. Aussi, le dimanche 21 mai, à trois heures de l'après-midi, il n'y avait ni un officier ni une sentinelle à la porte de Saint-Cloud.

Le capitaine de frégate Trèves se trouvait à ce moment dans les tranchées, à deux cents mètres du mur des fortifications, tandis que les soixante et dix pièces de Montretout, la batterie de Breteuil, celle des Quatre-Tourelles, d'Issy et de Meudon, faisaient converger leurs feux sur la porte de Saint-Cloud. Bien que cette partie du rempart criblée d'obus et de mitraille fût à peu près intenable, le silence de la ville l'étonna. Personne ne répondait, ni artillerie, ni mousqueterie, quand, vers trois heures, un homme vêtu en bourgeois apparut au-dessus du bastion 64, agitant un mouchoir blanc et poussant des cris que le vacarme de l'artillerie empêchait d'entendre. Cependant, Trèves crut distinguer ces mots :

« — Venez, il n'y a personne.

» — Qui êtes-vous? dit Trèves.

» — Je suis Ducatel, piqueur des ponts et chaussées et ancien officier d'infanterie de marine. Paris est à vous si vous voulez le prendre ; faites entrer vos troupes, — tout est abandonné. » (1)

Le commandant traversa le pont-levis dont un obus avait brisé les chaînes, pénétra dans l'enceinte et, guidé par Ducatel, il visita les bastions de gauche et de droite, et constata une évacuation complète ; il entra dans les maisons

(1) Extraits d'une relation publiée par *la Liberté* et qui valut à Ducatel la croix de la Légion d'honneur et une aumône du *Figaro*.

voisines et s'assura qu'elles n'étaient point gardées. Revenant aussitôt dans sa tranchée, Trèves télégraphia aux généraux Douai et Vergé ce qui venait de se passer, et une heure après, le feu des batteries versaillaises ayant été suspendu, il rentrait dans l'enceinte avec une section du génie.

Vers cinq heures, les détachements de ligne les plus rapprochés de la porte entrèrent dans Paris : les canons des remparts furent immédiatement sortis de leurs embrasures et retournés contre la ville. Le reste de la division Douai suivit, couronnant les bastions 66, 65, 64 et une partie du bastion 63. Du haut du Mont-Valérien, M. Thiers, le maréchal Mac-Mahon et l'amiral Pothuau, qui étaient arrivés en curieux à quatre heures et demie, contemplaient ce triomphe inattendu. A six heures, le général Vinoy recevait à Versailles la dépêche suivante :

« Le corps Douai entre à Paris, par la porte de Versailles, entre les bastions 65 et 66. La division Bruat suivra et occupera ses positions. Faites prendre les armes à la division Faron. »

A sept heures et demie du soir, il y avait déjà vingt mille hommes dans l'enceinte de Paris.

Vers six heures, un messager effaré apporta une dépêche au Ministère de la guerre. Elle venait de Dombrowski. Il annonçait l'entrée des Versaillais, et cependant il répondait de tout.

Le délégué fit aussitôt prévenir le Comité de salut public. La Commune était en séance. Le Comité lui envoya un de ses membres. X entra, demanda solennellement la parole et au milieu d'un silence de mort lut la dépêche. Un grand tumulte s'ensuivit. On se sépara peu après pour aller aux renseignements, les uns pleins de résolution et d'enthousiasme, les autres plus qu'abattus.

Pendant ce temps, Delescluze avait envoyé un messager à l'Arc de Triomphe, d'où il était évidemment impossible d'apercevoir un mouvement de troupes aussi facile à cacher, et la dépêche suivante fut affichée dans la soirée :

« L'observatoire de l'Arc de Triomphe nie l'entrée des Versaillais; du moins il ne voit rien qui y ressemble. Le commandant Renard, de la section, vient de quitter mon cabinet et affirme qu'il n'y a eu qu'une panique, et que la porte d'Auteuil n'a pas été forcée ; que si quelques Versaillais se sont présentés, ils ont été repoussés. J'ai envoyé chercher onze bataillons de renfort, par autant d'officiers d'état-major, qui ne doivent les quitter qu'après les avoir conduits au poste qu'ils doivent occuper. DELESCLUZE. »

Presque à la même heure, M. Thiers adressait aux préfets et à toutes les autorités civiles et militaires, la circulaire suivante à afficher dans toutes les communes :

« Versailles, 21 mai, 7 h. 30 du soir.

„ La porte de Saint-Cloud vient de *s'abattre sous le feu de nos canons.* Le général Douai s'y est *précipité* et il entre en ce moment dans Paris avec ses troupes. Les corps des généraux Ladmirault et Clinchant s'ébranlent pour le suivre. „

Cette dépêche était rédigée, on le voit, de manière à flatter l'amour-propre des troupes. M. Thiers ne voulait pas avouer que l'entrée dans Paris était due à une simple surprise. Depuis, continuant ces fanfaronnades, il a couvert de fleurs l'armée de Mac-Mahon. « Elle s'est révélée aux yeux du monde, „ a-t-il dit à la Chambre. « Les généraux qui ont conduit l'entrée à Paris sont de grands hommes de guerre. „ Et il l'a passée en revue sous les yeux des Prussiens, victorieux et gouailleurs. Il n'est pas nécessaire d'attendre le jugement de l'histoire pour faire justice de ces exagérations.

La Commune n'eut point d'armée véritable,

c'est-à-dire un ensemble solide de discipline, de science et d'entrain courageux. Certes, ni l'entrain ni le courage ne manquèrent aux fédérés, mais la discipline, des chefs, une administration. Instituée pour l'étude et le travail, antithèse de la centralisation et de la dictature, la Commune, si prompte à relever tous les services publics, était incapable d'improviser une organisation militaire. Ce fut même l'habileté de Versailles de l'entraîner sur les champs de bataille où sa défaite était assurée. Réduite pour se défendre à manier les mêmes armes que la monarchie, la Commune n'avait point les ressources de son savant despotisme. Cette révolution politique et sociale ne comportait pas et ne pouvait susciter de génie militaire. La prise d'armes du 18 mars avait été aussi spontanée que le 14 juillet 1789. A la nouvelle du coup d'État manqué, les bataillons républicains s'étaient trouvés descendus dans la rue poussés par le même instinct secret, sans autre but que de défendre la République, sans mot d'ordre, sans chefs, à tel point qu'ils errèrent au hasard une partie de la journée. Le Comité central, pris à l'improviste autant que le gouvernement, se réunit fort tard, (1) hésita des

(1) Rue Basfroid, au faubourg Saint-Antoine, très

heures entières, enfin nomma Lullier général en chef. La situation voulait un homme de tête, au coup d'œil prompt, froid et audacieux. Ce fou, qui était un sot avant de devenir un malhonnête homme, perdit en quelques heures toute l'avance conquise le matin. Fermer immédiatement les portes de la ville et retenir prisonniers ministres, ministères, généraux, gendarmes et sergents de ville, marcher de nuit sur Versailles à peine gardé, surprendre et ramener l'Assemblée à Paris, telles étaient les indications du plus vulgaire bon sens. Lullier n'en fit rien et, grâce à lui, le gouvernement put évacuer Paris avec armes, personnel et bagages. On lui doit également la terrible surprise du Mont-Valérien, abandonné du 18 au 20 par les Versaillais.

Plus tard, la Commune nomma Cluseret. Mais ce n'était qu'un brochurier militaire sans idées,

loin ainsi de Montmartre. Il était donc matériellement impossible que le Comité pût prendre aucune part à l'exécution des généraux. Clément-Thomas fut arrêté à quatre heures, fusillé à quatre heures et demie, et sa mort entraîna celle de Lecomte, demandée depuis le matin par les soldats de ce général. Le Comité central est tout aussi responsable de ces événements que la municipalité du 14 juillet 1789 pouvait l'être de la mort de Flesselles, Foulon, Berthier, etc., etc.

sans ressources propres, un diminutif de Trochu. Rossel, venu trop tard, entièrement ignorant de ce milieu, où il fallait surtout un homme politique, plus homme de critique que d'initiative, se débattit dans les ténèbres et ne sut pas innover.

Seule, la Commune l'aurait pu. Mais c'était la garde nationale qui avait fait le 18 mars, le Comité central installe la Commune. Comment donner des lois à cette force qui faisait et défaisait les gouvernements? Les élus du 26 mars n'étaient pas pour l'oser, et, timides, ils laissèrent les gardes victorieux et d'autant moins disciplnables, maîtres absolus de leur organisation intérieure. Ceux-ci, après le 18 mars, reconstituèrent les cadres des bataillons, et tous les officiers qui, dès le début, ne s'étaient pas ralliés à la Révolution, furent éliminés sans pitié, plusieurs même poursuivis et arrêtés. — Leurs successeurs, élus trop souvent par de petits groupes, n'eurent qu'une médiocre autorité. — Le Comité central fut également renouvelé depuis le 18 mars, et moins heureusement composé que le premier, prétendit représenter comme lui la garde nationale. La Commune laissa vivre cette autorité, qui n'avait plus de raison d'être, et le plus grand désordre s'ensuivit. Tel bataillon, commandé par la Commune exigeait le contre-seing du Comité central; tel autre se mettait en mouvement sur un simple ordre du Comité. C'était bien la Commune qui donnait les drapeaux, passait les revues, présidait au départ des bataillons; mais le Comité, s'appuyant sur la place Vendôme, réglait le roulement, étendait continuellement ses attributions de conseil de famille, et, comme ceux de la Commune, ses membres portaient l'écharpe et le ruban rouge, différenciés seulement par une frange d'argent.

Aussi le délégué à la guerre ne put mettre jamais sur la garde nationale une main toute-puissante. Cluseret, essayant de ruser, appela le Comité au ministère, l'y installa, crut l'annihiler ; le Comité vint et fut le maître. Encore, s'il avait exercé souverainement cette autorité qu'il disputait à la guerre ! Mais il se heurtait lui aussi contre l'indiscipline engendrée par le principe fatal de l'élection. Tel chef de bataillon trouvait le moyen de différer son départ, ayant reçu l'ordre de sortir,pendant que tel autre bataillon demeurait quinze et vingt jours de suite aux tranchées.

A côté du Comité central de la Fédération, le Comité central d'artillerie prétendait disposer des bouches à feu, et se voyait aussi peu obéi qu'il obéissait peu à la guerre. Croirait-on que ni Cluseret, ni Rossel, ni Delescluze ne purent centraliser les pièces d'artillerie ni même en obtenir le relevé exact. Telle légion prétendait conserver les siennes dans l'arrondissement. Dans des circonstances pressantes, il fut impossible, malgré les ordres formels de la guerre et même du Comité, d'obtenir de tel officier subalterne des pièces nécessaires au service des remparts ou de l'extérieur.

Le service de l'armement ne put même en deux mois fournir les chassepots ou de fusils à tabatière tous les hommes aux tranchées ou en expédition. Et cependant les Versaillais, quand ils désarmèrent Paris, saisirent 285,000 chassepots, 190,000 fusils à tabatière, 14,000 carabines Enfield -- de quoi armer dix fois les bataillons de marche.

L'état-major continua les traditions du premier siége. Beaucoup d'officiers des bataillons de marche rachetaient par une grande bravoure leur insuffisance d'instruction militaire. Mais, sauf de très rares exceptions, les états-majors aux retroussis rouges, aux bottes brillantes, aux larges ceintures, aux multiples galons, traînant avec fracas des sabres vierges, ne firent bonne mine que dans les cafés. On les voyait, à cinq heures, venir prendre l'absinthe sur les boulevards, à cheval, quelquefois suivis de leurs ordonnances. La presse, indignée, les dénonça à la Commune, aux délégués à la Guerre. Un ordre de Rossel prescrivit un examen et une révision des titres ; mais ce délégué n'eut pas le temps d'accomplir sa réforme. Plus radical, le Comité de salut public fit opérer un soir une razzia dans les restaurants de filles. Le 22 mai, ils disparurent, eux et leurs uniformes ; on en vit bien peu derrière les barricades.

Les vivres ne manquaient pas, grâce aux approvisionnements antérieurs, mais le gaspillage fut considérable. Un instant, Varlin, esprit net et rigoureux, dirigea la manutention ; le Comité central l'élimina. L'organisation médicale fut pitoyable : là où il fallait des hommes spéciaux, on bombarda les premiers venus sans leur faire subir le moindre examen préparatoire. En revanche, les plus capables furent souvent écartés. Un républicain dévoué à la révolution du 18 mars, qui avait desservi pendant la campagne une des plus grandes ambulances de l'armée du Rhin, vint s'offrir à la Guerre, et se vit préférer de bruyantes nullités.

Il faut tout dire. Dans les commencements

surtout, une explosion de dévouement se fit vers la Commune ; les hommes capables affluèrent. S'ils furent éconduits, supplantés par des impuissants, la faute en est à ceux des membres du Comité central et de la Commune, qui consultèrent plus leurs sympathies, et quelquefois leurs intérêts personnels que le salut public. L'assemblée de la Commune, saisie de cas particuliers, fit bien quelques exemples, mais ces rigueurs accidentelles ne tenaient lieu ni de discipline ni surtout de direction.

Elle manquait absolument. La Commune, la Commission militaire, le délégué, encombraient de leurs ordres contradictoires l'*Officiel*, sans s'inquiéter de savoir s'ils étaient réalisables ou exécutés. Quand Cluseret créa les trois commandements de Dombrowski, Wrobleski, La Cécilia, Dombrowski s'indigna, voulut donner sa démission. — « Que signifient ces décrets ? s'écria-t-il. Et des hommes ? où me trouvera-t-il des hommes ? » — Il nous avoua n'avoir jamais eu à sa disposition, à Asnières, plus de deux mille gardes nationaux. — « Quelquefois, ajouta-t-il, je pourrais opérer des mouvements importants, envelopper des corps entiers ; je demande un renfort de quinze cents ou deux mille hommes, on m'en envoie... trois cents ! »

On sait la résistance légendaire de la porte Maillot, commandée par le colonel X. Après six semaines de bombardement, l'armée versaillaise, couverte cependant par le Mont-Valérien, n'osa pas tenter l'assaut de ces remparts. Or, dix pièces seulement répondaient au feu des Versaillais, et il n'y eut presque jamais plus de deux servants par pièce. Souvent le même artilleur chargeait, pointait et remettait en place. Tous ceux qui ont osé s'aventurer dans ces terribles parages, ont pu voir un artilleur marin, nommé Craon, mort depuis à son poste, manœuvrant à lui seul deux pièces de 7. Un tire-feu de chaque main, il faisait partir en même temps les deux coups. Malgré les obus et les boîtes à mitraille, — on en compta plus de trente mille, — jamais les canons de la porte Maillot ne restèrent muets. Et cependant, certains soirs, il n'y eut pas six hommes pour les servir.

Le poste voisin, —la porte des Ternes, — ne contenait pas quelquefois cinquante gardes nationaux. Les rondes le long des remparts étaient à peu près inconnues, ou du moins très-rares. Vingt fois depuis le 18 mars, une colonne versaillaise, usant de certaines précautions, aurait pu, par une nuit noire, s'approcher des fortifications, franchir les fossés et les portes et, sans coup férir, pénétrer au cœur de Paris. Sur dix points différents, la même tentative aurait eu le même succès. Aucune barricade sérieuse n'aurait arrêté les envahisseurs. Je ne parle pas de celle de l'avenue de la Grande-Armée, qui est toujours restée à l'état embryonnaire, ni du massif de pierres si sottement construit à l'intérieur de l'Arc de Triomphe, où il ne protégeait rien du tout.

Comment condenser la garde nationale au milieu de ces conflits de pouvoir, faire surgir une armée résistante de ces éléments désordonnés ? Les deux seuls délégués un peu entendus aux choses militaires n'avaient même pas une idée nette de la situation. Ils crurent tous les deux que la fermeté et quelques semaines d'exercices suffiraient à transformer la garde nationale en une troupe régulière. Aucun ne comprit que l'esprit de cette institution était complétement opposé aux règles de la discipline ordinaire et qu'il fallait lui créer une tactique spéciale. Disons à leur décharge qu'aucun d'eux n'avait assez d'autorité pour opérer de pareils changements et que la Commune leur liait les mains, soit défiance, soit surtout crainte du Comité central. Mais, puisque la Commune n'osait ni remanier la garde nationale, ni dissoudre ce fatal Comité, il fallait, usant d'un moyen terme, lui abandonner la garde sédentaire et organiser des volontaires recrutés parmi les bataillons. Ces régiments nouveaux, bien équipés, bien armés, auraient reçu des cadres, non plus élus et dans la dépendance timide de leurs électeurs, mais choisis après examen de la délégation à la Guerre. Au lieu de provoquer à grands frais la création de corps francs, tels que *les Vengeurs, les Zouaves, les Enfants de Paris, les Enfants perdus, les Cavaliers, les Garibaldiens* (il y en eut plus de 32 comprenant environ 10,000 hommes), et d'éparpiller ainsi des efforts précieux, on aurait dû refondre toutes les activités particulières dans une organisation uniforme. Dès lors, les opérations d'ensemble, qui demandent de la précision et de la discipline, seraient devenues possibles. On ne put, hélas! obtenir cette discipline même en présence des plus pressants dangers.

Les gardes discutaient les officiers généraux, les officiers supérieurs, et les ordres de leurs sous-officiers. A Issy, le capitaine X, envoyé pour occuper le fort quand même, fut méconnu, chassé. Des patrouilles rebroussaient chemin malgré leurs officiers, sous prétexte qu'elles n'étaient pas en nombre. A la moindre difficulté avec leurs commandants, les gardes portaient plainte au Comité central, qui, pour ménager sa popularité, donnait presque toujours raison aux réclamants. La discipline était aussi inconnue aux officiers qu'aux simples gardes. Les chefs de légion étaient discutés par les chefs de bataillons et les officiers inférieurs. Bien plus, Rossel casse un colonel d'état-major; il le revoit le lendemain dans les bureaux de la Guerre. — « Vous n'êtes plus colonel, » lui dit le délégué. — « Pardon, répond l'officier, Dombrowski m'a prié de rester avec lui. » Dans les tranchées, des officiers abandonnaient leurs hommes pour aller faire le coup de feu. A Issy, un lieutenant caserné dans le fort avec sa compagnie, voyant l'action engagée au Val-Fleury, s'écrie qu'il n'y tient plus, et prend un fusil. « Qui m'aime me suive! dit-il ; on me fusillera si l'on veut. » Et abandonnant son poste, il s'élance au dehors. D'autres, au contraire, refusaient nettement de marcher. La cour martiale voulut faire un exemple et prononça une condamnation à mort, commuée en *trois ans de prison* par la Commission exécutive. Contradiction perpétuelle et fatale. La Commune forcée de re la guerre ne voulait pas se soumettre à nécessités.

Après Rossel tout craqua. Cluseret, incapable ction et vaniteux (1), avait laissé faire ; — la mmune, qui déplaçait les bataillons sans le nsulter, l'accusa de trahison. Rossel, actif, éner-que, mais trop jeune, prétendit faire par lui-me et, étant responsable, être aussi le maître ; on l'accusa de trahison et de tyrannie. Il voulut ser les bataillons pour former des régiments de 0500 hommes, les caserner hors Paris. Mesures politiques et inopportunes. Toutes les opposi-ns se coalisèrent contre lui, les chefs de légion, Comité central, le Comité d'artillerie, et loin chercher à les ramener ou à les convaincre, il exaspéra par des rudesses maladroites. Il rait passé outre, mais la Commune, à l'ex-tion de quelques membres, le voyait avec fiance, ne le soutenait pas. Le mauvais génie la Commune, M. Félix Pyat, lui en voulait rtellement d'avoir dédaigné ses élucubra-ns militaires. Impuissant, dégoûté, il se re-a, dans un de ces mouvements d'humeur qui

(1) Et d'une vanité singulière. « Savez-vous, dit-il jour à Delescluze, que Versailles m'a fait offrir un illion ? » — « Taisez-vous, » répondit Delescluze en tournant le dos.

lui étaient trop familiers. Il eut tort, entièrement tort. Avant d'accepter, il avait pu se rendre un compte exact de la situation, ayant été le chef d'état-major de Cluseret.

Dès lors le chaos s'épaissit. Beaucoup dans la Commune s'écrièrent qu'elle venait d'échapper au grand danger de la dictature militaire, et, symptôme de leur incapacité politique, beaucoup en furent convaincus. D'un commun accord on nomma un délégué civil, et l'on supprima toute direction militaire, au moment même où l'on périssait faute de direction. Le pouvoir retombait dès lors entre les mains du seul organisme existant, le Comité central. Delescluze, imposant par l'intégrité de son caractère, mais absolument incapable de contrôle, se perdant dans les détails et d'une grande faiblesse sous une apparente roideur, fut nommé à la Guerre. Son chef d'état-major, le colonel X, se créa des difficultés avec les commandants de corps d'armée. Un mandat fut lancé contre lui par la préfecture de police. Delescluze laissa faire. Moins débonnaire, le colonel X montra aux commissaires chargés de l'arrêter une dizaine de grands gaillards bien décidés à ne pas laisser emmener leur chef, puis, les ayant fait dîner, il les renvoya fort échauffés.

Non plus que Cluseret, Delescluze ne put parvenir à rassembler les canons ni même à connaître le nombre d'artilleurs véritables dont la Commune disposait.—Il eût été pourtant bien simple de ne payer que les canonniers à leurs pièces. — Les rapports militaires ne parvenaient au délégué que d'une façon intermittente. Les services fonctionnaient en dehors de son action, sous la dépendance du Comité central, seul administrateur de la garde nationale, et ce dernier, à deux pas du délégué, souvent sans prendre son avis, tranchait les questions à sa guise. Délégués, généraux, chefs de légions, chefs de bataillons, chacun, sur le même sujet, donnait des ordres différents. En attendant, les remparts restaient à peu près sans gardes, et Delescluze, qui, incapable de mensonge, avait une égale confiance dans la parole d'autrui, publiait de bonne foi les rapports fantaisistes que les états-majors indignes puisaient dans leur imagination. Ainsi, le 20 au soir, le bureau de la Guerre communiquait aux journaux la dépêche suivante :

« Midi, Petit Vanves.

» Les garibaldiens ont mis en fuite les ruraux.

» Nous avons eu encore l'avantage du côté de Clamart. »

Et le lendemain, les Versaillais entraient.

Nous abrégeons, ayant hâte de rentrer dans le récit. Disons seulement, pour compléter cet exposé, que l'on ne doit pas évaluer au-dessus de 15,000 le nombre des hommes qui pendant deux mois de siége firent un service actif en dehors des fortifications ou sur les remparts.

C'est cette poignée d'hommes sans cohésion, sans officiers suffisants, sans états-majors, sans intendance, sans discipline, qui a arrêté deux mois la fameuse armée de M. Thiers. C'est cette artillerie, sans autres artilleurs que quelques volontaires, à deux ou trois hommes par pièce, qui a tenu tête deux mois aux six cents bouches à feu du Mont-Valérien, de Courbevoie, d'Asnières, de Montretout, des Moulineaux, de Meudon. Et maintenant, qui oserait dire que sans la trahison de Ducatel, — car il y eût trahison, servie et rendue possible, je le veux bien, par l'incapacité des chefs, mais enfin trahison, — qui oserait affirmer que Paris aurait été pris d'assaut en plein jour? On ne peut refuser aux fédérés le courage, on ne peut nier que, en cas d'assaut, ils auraient garni les remparts, eux et leur artillerie, au lieu de s'éparpiller dans leurs quartiers comme ils durent le faire plus tard. Les Versaillais, au contraire, n'étant plus soutenus par leur artillerie, nécessairement muette, auraient dû, sous la grêle des balles et des mitrailleuses, descendre les fossés, les traverser, gravir les remparts et les emporter à la baïonnette. — Les Prussiens ne l'ont pas rêvé. Pouvait-on raisonnablement l'attendre de ces jeunes soldats versaillais, incapables, après deux mois d'attaques renouvelées, d'enlever de vive force à quelques francs-tireurs le village de Neuilly? M. Thiers a pu enfler ses bulletins ; il n'en est pas moins vrai que, pour qu'il entrât dans Paris, il a fallu, d'un côté, l'ineptie absolue des états-majors, l'indiscipline toujours croissante, la coupable indolence de certains officiers chargés des avant-postes ; et de l'autre, pour soumettre les rues, cent trente mille hommes luttant contre douze mille. Se glorifier d'être entré par une trahison, après deux mois de siége et de bombardement infructueux, dans une ville ainsi gardée, ainsi défendue, de l'avoir subjuguée à plus de dix contre un, c'est triompher à bon compte et prêter à sourire aux hommes de guerre sérieux.

Dix heures. — Vingt-cinq mille Versaillais sont dans Paris, et Paris l'ignore ! Le ciel resplendissait et les boulevards avaient repris leur ancienne animation. Si « *une des plus belles armées que la France ait jamais eues* „ avait poussé en ce moment sur l'Hôtel de ville et Montmartre, elle eût d'un seul bond conquis toute la ville. Dans les groupes abusés on racontait les *engagements heureux* de la veille au bois de Boulogne. Le canon se taisait partout.

A onze heures, on sut au ministère de la guerre, d'une façon positive, l'entrée en masse des Versaillais. L'état-major n'y voulait pas croire et affirmait, avec son ignorance et sa vanité habituelles, qu'il ne s'agissait que d'un détachement, que les envahisseurs étaient perdus, qu'ils allaient être enveloppés et faits prisonniers. Cependant, à une heure, le doute ne fut plus possible. On entendait le bruit de la fusillade engagée au Trocadéro. Cette importante hauteur, qui commande les deux rives, n'était protégée que par un ouvrage ébauché à l'entrée de l'avenue de l'Empereur, tournant ainsi le dos aux Versaillais. Ceux-ci, déployés en tirailleurs, surprirent les fédérés. A cette attaque imprévue quelques gardes résolus répondirent par un feu roulant, mais l'immense majorité se débanda. On vit bientôt les hommes s'éparpiller par groupes de quatre ou cinq dans les rues du faubourg Saint-Germain. Vainement des officiers du ministère de la guerre accoururent et s'efforcèrent d'arrêter les fuyards. Ceux-ci passaient outre, disant : « Maintenant, c'est la guerre des barricades, chacun dans ses quartiers. » Un petit nombre d'hommes seulement consentirent à demeurer à l'École militaire. Vers trois heures, la troupe occupait entièrement le Trocadéro.

Dans l'intervalle le délégué à la Guerre avait fait sonner le tocsin dans tous les quartiers de la rive gauche. Il évacua à quatre heures le ministère de la guerre et se replia avec tout son personnel sur l'Hôtel de ville. La prison du Cherche-Midi et la mairie du VIIme arrondissement furent également abandonnées.

Au moment où les bagages de la guerre arrivaient à l'Hôtel de ville, dans l'avenue Victoria, deux gardes porteurs d'une caisse furent assaillis à coups de hache par un individu vêtu d'une blouse et coiffé d'un béret. L'un des hommes tomba raide mort. L'assassin, immédiatement saisi, criait, écumant de rage : « Vous êtes foutus, vous êtes foutus! Rendez-moi ma hache et je vais recommencer ». Le commissaire de police de l'Hôtel de ville accourut et trouva sur ce furieux des papiers et un livret attestant qu'il avait servi dans les sergents de ville. On le fusilla séance tenante contre la barricade de l'avenue.

La plus entière sécurité régnait à l'Hôtel de Ville. — Un membre de la Commune affirma venir du Trocadéro, et n'avoir rien vu. Mais un autre, le citoyen X, moins confiant, sollicita immédiatement du Comité de salut public l'ordre de construire les barricades autour de l'Hôtel de ville et d'armer la terrasse des Tuileries ainsi que la redoute Saint-Florentin. Cet ordre lui fut remis *pour le satisfaire*. Mais il se trouva que les mitrailleuses de l'Hôtel de ville ne pouvaient servir faute de quelques pièces. X obtint également de faire sonner le tocsin dans les arrondissements de la rive droite, et ordre fut envoyé aux mairies d'acheminer le plus d'hommes possible vers les Tuileries, le Louvre et l'Hôtel de ville qui paraissaient les premiers menacés.

A cinq heures du matin, la Muette était enlevée presque sans combat et l'armée occupait tous les bastions depuis le Point-du-Jour.

Pendant qu'un détachement du général Vinoy s'établissait au Trocadéro, un autre, s'emparant du pont de Grenelle, allait ouvrir les portes de Vaugirard et de Montrouge au général Cissey, qui s'étendit bien vite dans le

XVme arrondissement. Il avait franchi les ponts-levis et les remparts sans même rencontrer une sentinelle. A six heures et demie du matin, il touchait au Champ-de-Mars d'un côté, de l'autre, à la gare Montparnasse.

Dès lors, le plan des Versaillais commença à se dessiner. Dans l'ovale assez régulier que forme Paris, l'armée, entrée par l'extrémité ouest, devait s'avancer en poussant devant elle des cercles concentriques appuyés des deux côtés sur les fortifications, s'élargissant d'abord en avançant vers le centre, diminuant ensuite au fur et à mesure que les barricades seraient emportées, jusqu'à ce qu'ils vinssent s'aplatir, à l'est, contre les remparts des XIXe et X^e arrondissements.

Envelopper sur tous les points un ennemi dix fois inférieur en nombre, tel fut tout le génie de ces « grands hommes de guerre. »

CHAPITRE II

Le lundi 22.

Proclamation au peuple. — Aspect de Paris. — Prise de l'Arc de Triomphe, de la place Péreire. — Évacuation des lignes extérieures. — Prise du parc Monceaux, du Champ-de-Mars. — La résistance se localise. — Nouvelles proclamations. — Aspect de l'Hôtel de ville. — Adresse à l'armée. — L'esprit des troupes. — Premiers massacres. — La commission des barricades.—On commence les barricades. — Prise de la Madeleine. — Les bataillons descendent. — Dombrowski au Comité de salut public. — La soirée de l'Hôtel de ville. — Les travailleurs des barricades. — La nuit. — La barricade de la place Blanche. — La routine dans les barricades. — Indécision, peur de l'armée.

Le lundi 22, Paris se réveilla dans des flots de soleil. La rive droite ne savait rien des événements de la nuit, mais le rappel et la générale retentissaient dans tous les quartiers, et on lisait sur les murs la proclamation suivante :

„ AU PEUPLE DE PARIS!

„ A LA GARDE NATIONALE!

„ Citoyens,

„ Assez de militarisme! plus d'états-majors galonnés et dorés sur toutes les coutures!

„ Place au peuple, aux combattants, aux bras nus! L'heure de la guerre révolutionnaire a sonné.

„ Le peuple ne connait rien aux manœuvres savantes, mais quand il a un fusil à la main, du pavé sous les pieds, il ne craint pas tous les stratégistes de l'école monarchiste.

„ Aux armes! citoyens, aux armes! Il s'agit, vous le savez, de vaincre ou de tomber dans les mains impitoyables des réactionnaires et des cléricaux de Versailles, de ces misérables qui ont, de parti pris, livré la France aux Prussiens et qui nous font payer la rançon de leurs trahisons!

„ Si vous voulez que le sang généreux qui a coulé comme de l'eau depuis six semaines ne soit pas infécond; si vous voulez vivre libres dans la France libre et égalitaire; si vous voulez épargner à vos enfants et vos douleurs et vos misères, vous vous lèverez comme un seul homme, et devant votre formidable résistance, l'ennemi, qui se flatte de vous remettre au joug, en sera pour la honte des crimes inutiles dont il s'est souillé depuis deux mois.

„ Citoyens, vos mandataires combattront et mourront avec vous, s'il le faut; mais, au nom de cette glorieuse France, mère de toutes les révolutions populaires, foyer permanent des idées de justice et de solidarité qui doivent être et seront les lois du monde, marchez à l'ennemi, et que votre énergie révolutionnaire lui montre qu'on peut vendre Paris, mais qu'on ne peut ni le livrer ni le vaincre.

„ La Commune compte sur vous, comptez sur la Commune! „

Aveu tardif de l'incapacité des officiers et des états-majors. Le moment était enfin venu où l'on allait comprendre l'importance de cette discipline que la Commune et le Comité confondaient avec le militarisme et sans laquelle les Versaillais, malgré leur nombre, n'auraient jamais triomphé de Paris.

Cette proclamation avait le tort de ne pas

tout dire, mais on devina. Les magasins furent aussitôt fermés, les boulevards se vidèrent, et, l'ignorance des événements grossissant le danger, les curieux, abrités dans les rues adjacentes, avancèrent timidement la tête, croyant à chaque instant voir défiler les soldats.

Tous les pouvoirs militaires étaient concentrés à l'Hôtel de ville. Il y avait peu de monde sur la place. Des estafettes, des gardes isolés arrivèrent vers neuf heures, apportant des lambeaux de renseignements. Les Versaillais étaient au Champ-de-Mars, au faubourg Saint-Germain, à la Muette, à l'Arc de Triomphe. On n'en put tirer davantage. Quant au nombre des assaillants, aux noms des généraux, nul ne les connaissait.

Voici ce qui s'était passé :

Dès le matin, les généraux Ladmirault et Clinchant, établis, comme nous l'avons vu, à Passy et à la Muette, avaient longé silencieusement les remparts et débouché sur l'avenue de la Grande-Armée. Tout à coup les braves artilleurs de la porte Maillot se retournant, virent les Versaillais, leurs voisins depuis tantôt dix heures. Nulle sentinelle ne les avait prévenus. — Ils se firent tuer sur leurs pièces jusqu'au dernier. Les troupes remontèrent l'avenue jusqu'à la barricade située en avant de l'Arc de Triomphe; surprise, elle fut également emportée sans combat. Les fédérés n'eurent que le temps de sauver leurs canons, et les soldats établirent aussitôt une batterie contre la terrasse des Tuileries. L'Arc de Triomphe fut pavoisé de faisceaux tricolores, et une brigade descendit l'avenue des Champs-Élysées, s'abritant contre les maisons. Arrivés au rond-point, les soldats s'embusquèrent de droite et de gauche; couchés dans les massifs et les pelouses, ils dirigèrent de là sur la terrasse une fusillade nourrie.

Pendant ce temps, le général Clinchant, continuant sa course, filait le long des remparts, les tournait jusqu'à la place Péreire, et descendait vers le nouvel Opéra, par l'avenue Friedland et le boulevard Victor Hugo.

Simultanément une division du général Clinchant opérait le même mouvement par le dehors, du côté de Neuilly, Levallois-Perret et Saint-Ouen. Les fédérés de ces localités furent tout à coup assaillis par derrière par une grêle de balles venant de la ville. Ce fut ainsi qu'ils apprirent l'occupation des remparts. Ils se hâtèrent de rentrer à Paris, par les portes de Bineau, d'Asnières et de Clichy. Les soldats les poursuivirent sur le boulevard Malesherbes; mais eux, faisant bonne contenance, se retournant fréquemment et déchargeant leurs armes, ils opérèrent une bonne retraite jusqu'aux barricades de l'intérieur.

Ainsi, dès le début, sans communications, sans avis sur la marche des événements, les fédérés étaient abandonnés à eux-mêmes. Personne à l'État-major, personne à la Guerre, personne à la Commune n'avait songé à prévenir pendant la nuit ni la porte Maillot, ni les troupes placées à l'extérieur. La direction, si faible jusqu'alors, avait cessé presque complétement. Chaque corps n'avait plus désormais rien à attendre que de son initiative, de ses ressources et de l'intelligence de ses chefs.

Les soldats s'emparèrent du parc Monceaux, s'y établirent, et une colonne se porta en avant vers les Batignoles, rue Lévis. A onze heures, la caserne de la Pépinière était aux mains des troupes. Vers une heure, le général Clinchant touchait au nouvel Opéra, et de là il appuyait d'une brigade la colonne qui combattait sur la place de la Concorde.

Sur la rive gauche, le général Cissey s'était dirigé vers le Champ-de-Mars, converti en une sorte de camp d'artillerie. L'École militaire fut prise entre deux feux par les avenues de la Mothe-Piquet et de Lowendhal. Le colonel qui commandait cette importante position n'avait fait aucun préparatif de défense. Les cours furent envahies en un instant, et les fédérés qui les occupaient se réfugièrent dans les baraquements du Champ-de-Mars, gardés par deux cents hommes à peine. A l'abri de ces constructions légères, ils essayèrent de résister, et ce fut pendant plusieurs heures une lutte héroïque; mais littéralement enveloppés sur tous les points, nullement secourus, ils durent, à midi succomber sous le nombre.

Presqu'au même instant, —il était midi et demi, —le dépôt de munitions établi à l'école d'état-major sautait avec un fracas épouvantable. En même temps, une brigade se détachait de l'École militaire pour tourner les barricades de l'avenue Rapp, qui furent écrasées par l'artillerie.

On put déjà prévoir que, par suite du défaut d'entente et de direction, les résistances des fédérés seraient toujours locales et ne se relieraient pas entre elles. En effet, très peu de points reçurent des renforts. Ce funeste mot d'ordre allait prévaloir, que chacun devait défendre son quartier. Certains bataillons demeurèrent ainsi immobiles jusqu'à la dernière heure, et on ne put tenter ni un retour offensif, ni un mouvement stratégique de quelque valeur. Cette attitude purement défensive conduisait droit à la défaite, quels que pussent être le courage et la tenacité de la résistance.

A une heure de l'après-midi du 22, les Versaillais occupaient déjà le quart de Paris. Solidement adossés contre les bastions du Point-du-Jour à Levallois-Perret, couverts par les hauteurs de l'Arc de Triomphe et du Trocadéro, la droite à la gare Montparnasse, la gauche aux Batignolles, ils présentaient leurs têtes de colonnes rue Lévis, place de l'Europe, à la caserne de la Pépinière, au nouvel Opéra, aux Invalides. Deux arrondissements entiers (XVe et XVIe) et les trois quarts de trois autres (VIIe, VIIIe et XVIIe) leur appartenaient totalement.

De renseignements précis nulle part, même à l'Hôtel de ville. Les officiers d'état-majo commençaient à devenir rares; les hommes envoyés ne revenaient pas. A neuf heures, la Commune se réunit. M. Félix Pyat, prenant la parole, proposa les mesures de défense les plus radicales. Il fut décidé, sur sa motion, que chaque membre de la Commune se rendrait dans son arrondissement et dirigerait les barricades. Les membres présents signèrent le procès-verbal. A midi, une proclamation fut affichée, celle-là nette et sans périphrases :

« RÉPUBLIQUE FRANÇAISE.

» LIBERTÉ — ÉGALITÉ — FRATERNITÉ.

» Que les bons citoyens se lèvent !

» Aux barricades ! L'ennemi est dans nos murs.

» Pas d'hésitation. En avant pour la République, pour la Commune et pour la liberté !

» Aux armes !

» Paris, le 22 mai 1871. »

En même temps, des estafettes envoyées dans toutes les directions, jetèrent partout le mot d'ordre de la résistance. Peu après leur départ, un autre appel énergique fut affiché à côté du premier :

« AU PEUPLE DE PARIS.

» La porte de Saint-Cloud, assiégée de quatre côtés à la fois, par les feux du Mont-Valérien, de Montretout, des Moulineaux et du fort d'Issy, que la trahison a livré, la porte de Saint-Cloud a été forcée par les Versaillais, qui se sont répandus sur une partie du territoire parisien.

„ Ce revers, loin de nous abattre, doit être un stimulant énergique.

„ Le peuple qui détrône les rois, qui détruit les bastilles, le peuple de 89 et de 93, le peuple de la Révolution ne peut perdre en un jour le fruit de l'émancipation du 18 mars.

„ Parisiens, la lutte engagée ne saurait être désertée par personne, car c'est la lutte de l'avenir contre le passé, de la liberté contre le despotisme, de l'égalité contre le monopole, de la fraternité contre la servitude, de la solidarité des peuples contre l'égoïsme des oppresseurs.

„ Aux armes!

„ Donc, aux armes!

„ Que Paris se hérisse de barricades, et que, derrière ces remparts improvisés, il jette encore à ses ennemis son cri de guerre, cri d'orgueil, cri de défi, mais aussi cri de victoire; car Paris, avec ses barricades, est inexpugnable.

„ Que les rues soient toutes dépavées : d'abord, parce que les projectiles ennemis tombant sur la terre sont moins dangereux; ensuite, parce que ces pavés, nouveaux moyens de défense, devront être accumulés de distance en distance sur les balcons des étages supérieurs des maisons.

» Que le Paris révolutionnaire, le Paris des grands jours, fasse son devoir, la Commune et le Comité de salut public feront le leur.

» Hôtel de ville, 2 prairial, an 79. »

Il était deux heures. L'Hôtel de ville bruyant avait repris son aspect des derniers jours de mars. Les bataillons arrivaient sur la place. La barricade de la rue Rivoli, rasée depuis longtemps, se redressait, mais cette fois en avant, au coin de la rue Saint-Denis. Plus de cent ouvriers bâtissaient, maçonnaient, pendant que des enfants brouettaient la terre du square Saint-Jacques. Cet ouvrage, de plusieurs mètres de profondeur, d'une hauteur de 6 mètres, avec des fossés, des embrasures, une avancée, fut entièrement terminé en vingt-quatre heures, exemple de ce qu'aurait pu pour la défense de Paris un effort intelligent produit en temps utile.

Les membres de la Commune arrivaient le chassepot en bandoulière. A trois heures eut lieu une sorte de réunion intime. Sur ces entrefaites, des membres de la Ligue d'union républicaine se présentèrent en députation demandant audience. La Commune les accueillit. Ils gémissaient de cette lutte, proposaient de s'interposer, comme ils l'avaient fait si souvent pendant le siége, et de porter à M. Thiers l'expression de leur douleur. Mais ils ne savaient rien de ses intentions, ni même s'ils seraient reçus. On ne pouvait que les remercier de leur solide bon vouloir. Peu après leur départ, on fit un nouvel appel à l'armée :

« Le peuple de Paris aux soldats de Versailles.

„ Frères !

„ L'heure du grand combat des peuples contre leurs agresseurs est arrivée.

„ N'abandonnez pas la cause des travailleurs.

„ Faites comme vos frères du 18 mars.

„ Unissez-vous au peuple dont vous faites partie.

„ Laissez les aristocrates, les privilégiés, les bourreaux de l'humanité se défendre eux-mêmes, et le règne de la justice sera facile à établir.

„ Quittez vos rangs.

„ Entrez dans nos demeures.

„ Venez à nous, au milieu de nos familles ; vous serez accueillis fraternellement et avec joie.

„ Le peuple de Paris a confiance en votre patriotisme.

„ Vive la République !

„ Vive la Commune !

» Le 3 prairial, an 79. »

Cette adresse, dont pas un exemplaire ne put parvenir aux soldats, était la dernière illusion de beaucoup de membres de la Commune, qui, de la meilleure foi du monde, avaient cru à une défection de l'armée, dès qu'elle serait entrée dans Paris.

Mais la situation était bien changée depuis le 18 mars. M. Thiers avait soigneusement trié ses régiments, composés de bataillons et de compagnies sur lesquels on pouvait sûrement compter, — les gendarmes, les sergents de ville, et les marins particulièrement féroces étant placés en serre-files. Les jeunes contingents formaient la majorité, leur docilité les rendant plus propres que de vieux soldats à la triste besogne qu'on attendait d'eux. Ces troupes pour la plupart ne connaissaient point Paris. Les officiers n'avaient à craindre ni les souvenirs, ni les relations, ni l'influence du milieu. En outre, ils répétaient perpétuellement à leurs hommes que la Commune n'était qu'un ramassis de voleurs et de coquins, que les Communalistes ne faisaient pas de prisonniers, et qu'ils avaient impitoyablement massacré les militaires qui avaient, au 19 mars, levé la crosse en l'air. Le contact des Versaillais avec la population était du reste à peu près impossible; il n'y avait dans les rues que les combattants. Ajoutons que le vin et l'eau-de-vie ne faisaient pas défaut aux troupes, l'argent non plus. Le 28 au matin, nous vîmes, près de la mairie du XIe, de simples fusiliers marins changer des pièces d'or chez les marchands de vins.

Aussi, dès le 22, les massacres de prisonniers commencèrent. Vers une heure de l'après-midi, les Versaillais conduisirent à la caserne de Babylone dix-sept gardes nationaux faits prisonniers rue du Bac, et là ils les fusillèrent.

On le voit, les exécutions sommaires ont précédé les incendies et la mort des otages. On sait d'ailleurs que bien avant l'entrée à Paris, le massacre des prisonniers n'était pas rare dans l'armée versaillaise. Dès le début du siége, l'officier de gendarmerie auquel on conduisit

Flourens, l'abattit à coups de sabre; le chevaleresque Duval et deux de ses officiers faits prisonniers, furent fusillés par les ordres et sous les yeux de Vinoy; le général Gallifet fit également exécuter ses premiers prisonniers et, à Vanves, un officier versaillais déchargea son arme à bout portant sur quatre fédérés qui s'étaient rendus. Trois d'entre eux furent tués.

Le peuple n'avait donc rien à attendre que de lui-même et de la vigueur de sa résistance. Aussi les barricades commencèrent de tous les côtés, un peu au hasard, à l'intersection des principales voies. Alors seulement on reconnut l'importance de ces barricades stratégiques, si négligées pendant six semaines.

Il était évident, dès le début, pour tout œil exercé, que la garde nationale, malgré son courage, ne pourrait jamais conserver ses positions du dehors. Au lieu de lui demander l'impossible, il aurait donc fallu lui rendre au plus vite son véritable terrain. Cinq points sur la rive droite, la place du roi de Rome, la place de l'Étoile, les buttes Montmartre, Chaumont, le Père-Lachaise, trois sur la rive gauche, la butte aux Cailles, le Panthéon, la gare Montparnasse, permettent d'établir une série de forts à l'intérieur de Paris. En les reliant par un système de barricades, on obtient une seconde enceinte aussi formidable que la première. Là on pouvait attendre et défier M. Thiers. Un troisième siége, et cette fois du cœur de Paris, était moralement et matériellement impossible sous le feu de Montmartre, ce Mont-Valérien de l'intérieur. Mais les délégués à la Guerre rêvaient de faire campagne, et ce plan de défense modeste mais assuré ne cadrait guère avec leurs prétentions. Une commission des barricades fut bien nommée au mois d'avril, mais sans vue d'ensemble, sans direction persistante, et considérée comme une partie accessoire de la défense, elle abandonna la conduite des travaux à un fantaisiste qui, commençant par la fin, fortifia tout d'abord l'intérieur de Paris. Pendant qu'il élevait, à la grande joie des badauds, les forteresses secondaires de la rue de Rivoli et de la rue Castiglione, les points véritablement stratégiques du Trocadéro, de l'Arc de Triomphe, de la butte Montmartre, etc., restaient à peu près dégarnis. Les travaux de cette troisième ligne furent eux-mêmes conduits avec la plus déplorable mollesse ; les fortifications de la place de la Concorde n'étaient pas terminées le 22 mai ; la barricade de la rue Royale n'était qu'aux trois quarts faite, la terrasse des Tuileries à peine fortifiée.

En réalité, il fallut, le lundi, commencer à peu près partout l'établissement des défenses intérieures. Ici encore chaque combattant fut abandonné à son inspiration. L'erreur générale fut de croire qu'on serait attaqué de front comme en juin 1848, tandis que les généraux de Versailles exécutèrent partout des mouvements tournants. C'est ainsi que Montmartre d'abord et Belleville ensuite furent enveloppés, isolés et réduits.

Le IXe arrondissement, situé au pied de Montmartre, commença dès deux heures à se fortifier. La rue Auber, la rue de la Chaussée d'Antin, la rue Drouot, la rue de Châteaudun, les carrefours du faubourg Montmartre, Notre-Dame de Lorette, la rue des Martyrs, l'église de la Trinité furent mis en état de défense. On commença à barricader les grandes voies d'accès sur les Batignolles, Montmartre, La Chapelle, les buttes Chaumont, Belleville, Ménilmontant, le Père-Lachaise, les anciens boulevards, surtout à partir de la porte Saint-Denis, laplace du Château-d'Eau, les boulevards Voltaire et Richard-Lenoir, la Roquette, la Bastille et tout le faubourg Saint-Antoine; sur la rive gauche, la rue de Rennes, le carrefour de la Croix-Rouge, la rue Saint-Dominique, la rue

Bonaparte, le carrefour de Bussy, la rue Saint-Jacques, les rues Royer-Collard et Gay-Lussac la rue Soufflot, les Gobelins, le boulevard Saint-Michel dans toute sa longueur. Un grand nombre d'autres barricades ne furent qu'ébauchées, et celles que nous venons d'énumérer, quoique commencées dans la journée du lundi, ne furent achevées qu'au fur et à mesure des progrès de la lutte.

Elle se poursuivait en ce moment sur la rive droite, avenue Marigny, d'où les Versaillais s'efforçaient de gagner la rue Royale. A la Madeleine, ils durent tenter trois fois l'assaut. Près de deux cents fédérés gardaient cette position. Ils l'occupèrent jusqu'à la nuit. A la faveur de l'obscurité, les troupes les entourèrent. Mais il fallut les réduire à la baïonnette et le massacre fut épouvantable. Le sang retombait en cascade le long des marches de la Madeleine et ruisselait sur la chaussée. Sur la rive gauche, le boulevard Montparnasse, le boulevard des Invalides étaient balayés par les obus versaillais. Le général Cissey essayait de s'avancer vers la gare Montparnasse; mais les canons fédérés, placés en enfilade dans la rue de Rennes, anéantissaient des compagnies entières de Versaillais.

Pendant ce temps, le Trocadéro, la barrière

de l'Etoile et la brigade répandue dans les Champs-Élysées, accablaient de projectiles les ouvrages de la place de la Concorde, qui ripostaient vaillamment.

La nuit vint sans interrompre les détonations de l'artillerie et de la fusillade. De rouges clartés s'élevèrent dans la rue de Rivoli et dans la rue Royale. C'étaient le ministère des finances et la rue Royale qui brûlaient. Le ministère des finances avait reçu toute la journée le feu d'une batterie versaillaise établie aux Invalides. L'incendie, allumé par un obus, avait été éteint une première fois par les pompiers de la Commune. Ils n'en furent pas moins accusés d'avoir « *fait flamber finances,* » en vertu de ce principe que les obus des conservateurs jouissaient du privilége de ne pas causer d'incendies.

L'Assemblée nationale décréta dans la journée que les armées de terre et de mer avaient bien mérité de la patrie.

A huit heures, nous rencontrâmes Delescluze dans la rue de Rivoli. « Si nous pouvons passer la nuit, dit-il, il y a quelque espoir ; on se remet de la première surprise, les bataillons descendent. » En effet, en ce moment, les bataillons défilaient dans le boulevard Sébastopol, musique en tête, se dirigeant vers l'Hôtel de ville. On voyait, à la lueur du gaz, briller les canons de fusils et les reflets du drapeau rouge. Peu nombreux, 200 peut-être par bataillon, mais déterminés, les hommes marchaient silencieux, prêts à la mort. D'autres bataillons encombraient les trottoirs, prenant leur repas à la hâte; ailleurs, le clairon et le tambour rassemblaient les hommes ; les officiers parcouraient les groupes, distribuant des paquets de cartouches ; les braves petites cantinières circulaient, fières de courir les mêmes dangers que les hommes, car les Versaillais ne les épargnaient pas. La première impression avait été terrible : on avait cru les troupes au cœur de Paris ; puis la lenteur de leur marche avait donné quelque espoir ; on s'était tâté ; les moins braves étaient rentrés, ignorant qu'il n'y aurait de quartier pour personne ; les combattants sérieux étaient debout. On ne doit pas évaluer leur nombre au delà de 12,000 pour les sept jours.

On vit alors, le fusil sur l'épaule, beaucoup de citoyens qui avaient déploré les intempérances et les maladresses de la Commune et dont les conseils avaient été écartés. Mais il s'agissait bien à cette heure de ce gouvernement périssable ! Ce mot circulait déjà derrière les barricades : « Il n'y a plus maintenant de membres de la Commune! „ C'est que, en effet, le Paris de 71 dressait contre Versailles la Révolution sociale tout entière. Il fallait être ou n'être pas pour cette Révolution. La lâcheté seule se tint au milieu. Les socialistes véritables le comprirent et, certains de la catastrophe, ils voulurent du moins faire triompher leur cause par le mépris de la mort.

Un cortége de cavaliers mystérieux et pressé passa devant nous, se dirigeant vers l'Hôtel de ville. Nous suivîmes. Dans la salle du Trône, un membre de la Commune nous apprit l'arrivée de Dombrowski. Il avait été appelé par le Comité de salut public, sur certaines rumeurs aussi vagues que ridicules. Introduit devant le Comité, dès la porte, croisant les bras et promenant son regard sur tout le monde, il s'écria violemment : " Il paraît qu'on dit que je trahis ! „ — Personne ne répondit. Le membre de la Commune Dereure rompit le silence : " Si Dombrowski trahit, je trahis donc aussi ! Je réponds de lui comme de moi. „ On laissa sortir Dombrowski. Il alla s'asseoir à la table des officiers, dîna avec eux ; à la fin du repas, il fit le tour de salle et, sans mot dire, serra la main à chacun. Tout le monde comprit qu'il se ferait tuer.

Le Comité de salut public était installé à droite, dans la série de pièces qui regardaient sur la place. A gauche, toutes les pièces qui donnaient sur le quai, appartenaient à la guerre. Chacun venait y chercher des instructions. Les messagers arrivaient de tous les points de la lutte. Une délégation d'officiers des garnisons de Montrouge et de Bicêtre put à grand'peine parvenir jusqu'au délégué; ordre fut donné de tenir jusqu'à nouvel avis. Un grand nombre de gardes et d'officiers, courbés sur de longues tables, expédiaient les ordres et les dépêches, au milieu d'un bourdonnement continuel. Les cours intérieures étaient pleines de fourgons, de prolonges, de voitures; les chevaux mangeaient ou dormaient dans les coins, prêts à partir. A chaque instant, on recevait et on envoyait des munitions. Les estafettes entraient et sortaient bruyantes; nulle part le moindre signe de découragement, partout une activité presque gaie.

Nous remontâmes la rue Saint-Antoine. A chaque coin, des groupes ébauchaient les barricades. Tout passant était requis, non pas violemment, comme on l'a dit. « Allons, citoyens, un coup de main pour la République. » C'était tout. A la Bastille et sur les boulevards intérieurs, on voyait par place comme une fourmilière de gens courbés à terre, les uns creusant, les autres dépavant. De jeunes enfants se faisaient remarquer, maniant des bêches et des pioches aussi grandes qu'eux, et chantant sans cesse le *Chant du départ* et *la Marseillaise*. Les hommes en blouse, les messieurs en habit, les femmes en guenilles et les femmes en robe de soie, étaient également mis en réquisition. De délicates mains de jeunes filles maniaient le dur hoyau. Il tombait avec un bruit sec et faisait jaillir l'étincelle. Il faut une heure pour entamer le sol à vingt centimètres, — qu'importe! — on passera la nuit. Le mardi soir, à l'intersection du square Saint-Jacques et du boulevard Sébastopol, une barricade de vingt mètres de long fut en une demi-journée creusée, terminée, par des dames du quartier de la Halle; plusieurs, fort élégamment vêtues de noir, travaillèrent six heures comme des enragées à remplir des sacs de terre et à empiler des pierres dans des paniers d'osier.

Le gaz éclairait ces travaux. On avait eu soin qu'il fût allumé aux heures accoutumées, et, sauf dans les quartiers envahis, les rues et les boulevards avaient reçu leur éclairage réglementaire. A l'entrée du faubourg Montmartre, la lumière cessait brusquement; on voyait là comme un énorme trou noir. Cette obscurité était gardée par des sentinelles fédérées, jetant par intervalle leur cri : *Passez au large !*

Partout un silence plein de menaces. Ces ombres se mouvant dans la nuit prenaient des formes gigantesques; il semblait qu'on marchât dans un rêve terrible; les plus braves sentaient l'effroi.

Il y eut des nuits plus bruyantes, plus sillonnées d'éclairs, plus grandioses, quand l'incendie et la canonnade enveloppèrent Paris ; nulle ne produisit sur notre âme une impression aussi lugubre — nuit de recueillement, veillée des armes. On se cherchait dans les ténèbres, on se parlait bas, on prenait espoir, on en donnait. Aux carrefours on s'arrêtait, on étudiait les positions, puis à l'œuvre! — En avant la pioche et le pavé. Que la terre s'amoncelle où s'engloutira le boulet, que les matelas précipités des maisons servent à couvrir les poitrines! — On ne doit plus dormir désormais. Que les pierres cimentées de haine se pressent les unes contre les autres, comme des poitrines d'hommes sur le champ de bataille. Le pétillement de la mousqueterie lointaine, le grondement du canon, le chant des gamins formaient en même temps un concert qui avait une sorte de terrible fascination.

Les femmes exhortent, supplient les hommes. Ce n'est plus la citoyenne de l'ancienne barricade qui servait les munitions et pansait les blessés ; elle la construit maintenant de ses bras et de ses ongles, puis elle la défendra. Dans cette nuit, place Blanche, une barricade est élevée. A minuit, devant nous, une forme noire se détache de l'enfoncement d'une porte-cochère : c'est une jeune fille, le chassepot à la main, la cartouchière aux reins. « Halte-là, citoyens, on ne passe pas. » Nous nous arrêtons étonnés ; nous exhibons notre laissez-passer et la citoyenne nous permet de traverser la barricade, construite et gardée par 120 femmes environ.

Et ce n'étaient plus les redoutes traditionnelles, hautes de deux étages. Sauf quatre ou cinq, rue Saint-Honoré et rue de Rivoli, la barricade de Mai se fit d'un méchant tas de pavés, à peine à hauteur d'homme. Derrière, quelquefois un canon ou une mitrailleuse. Au milieu, calé entre deux pavés, le drapeau rouge, couleur de vengeance. A vingt, derrière ces loques de remparts, ils arrêtèrent des régiments.

Si la moindre pensée d'ensemble avait dirigé

ces ressources puissantes, l'armée versaillaise aurait fondue dans Paris. Mais les fédérés ne virent pas en général plus loin que leurs quartiers ou même que leurs rues, et ils ne surent pas changer la tactique des luttes populaires. Au lieu d'abandonner les barricades à l'artillerie seule, et d'occuper en tirailleurs les maisons en avant, ils se massèrent en général derrière les pavés. Le Comité avait bien ordonné d'occuper toutes les maisons nécessaires à la défense, mais cet ordre, reçu trop tard, ne pouvait être que difficilement exécuté. Les maisons occupées devaient de toute nécessité communiquer entre elles ; or, il était difficile de percer les gros murs juste au dernier moment. Il eût fallu y songer pendant le siége. En désignant à chacun son poste de combat intérieur, en l'exerçant sur place à la défense, on aurait pour l'avenir évité bien des rigueurs.

Les Versaillais, qui, la veille, en marchant sur l'Hôtel de ville, s'en seraient emparés sans coup férir, trente heures après, lundi encore, auraient pu, en deux heures, balayer ces barricades embryonnaires. Mais ces 130,000 héros, qui n'avaient pas devant eux 10,000 hommes, n'osèrent pas. On a dit qu'ils étaient épuisés, qu'ils opéraient depuis vingt-quatre heures; — mais le dimanche soir et le lundi matin, ils étaient frais et dispos; — mais, le lundi, ils furent dix contre un. — En vérité, ils eurent peur de Paris, chefs et soldats. Ils crurent que les rues allaient s'entr'ouvrir, les maisons s'abîmer sur eux, témoin la fable des torpilles, imaginée plus tard pour justifier leur indécision. Le lundi soir, maîtres de plusieurs arrondissements, ils tremblaient encore de quelque surprise terrible. Il leur fallut toute la tranquillité de la nuit pour revenir de leur conquête et se convaincre que les Comités de défense n'avaient, malgré leurs vanteries, rien prévu ni rien préparé.

CHAPITRE III

Le mardi 23.

Proclamations de la Commune et du Comité central. — Préparatifs. — Prise de Montmartre. — La place Pigalle. — Héroïsme de la défense. — La prévôté à Montmartre. — Prise de la barricade de la chaussée d'Antin. — Mort de Dombrowski. — Opérations vers le nord-est. — Le général Cissey sur la rive gauche. — Occupation des quartiers qui bordent la Seine. — La mairie du VIe; cruauté des Versaillais. — Agressions contre les fédérés dans le faubourg Saint-Germain. — Occupation de la mairie de Montrouge. — Diverses positions des troupes à la fin de la journée. — Évacuation de la terrasse des Tuileries. — Incendie des palais. — Aspect de l'Hôtel de ville. — Dombrowski mort. — Exécution de Chaudey. — Ordre de préserver Notre-Dame. — La dernière matinée de l'Hôtel de ville.

Personne ne dormit dans cette nuit d'angoisses. Le Comité de salut public et le Comité central s'adressèrent aux troupes versaillaises dans de nouvelles proclamations (1).

Le Comité central disait :

« Soldats de l'armée de Versailles!

„ Nous sommes des pères de famille.

„ Nous combattons pour empêcher nos enfants d'être un jour, comme vous, sous le despotisme militaire.

„ Vous serez, un jour, pères de famille. Si vous tirez sur le peuple aujourd'hui, vos fils vous maudiront comme nous maudissons les soldats qui ont déchiré les entrailles du peuple, en juin 1848 et en décembre 1851.

„ Il y a deux mois, au 18 mars, vos frères de l'armée de Paris, le cœur ulcéré contre les lâches qui ont vendu la France, ont fraternisé avec le peuple ; imitez-les !

„ Soldats, nos enfants et nos frères, écoutez bien ceci, et que votre conscience décide :

„ Lorsque la consigne est infâme, la désobéissance est un devoir !

« 3 prairial, an 79.

„ *Le Comité central.* „

(1) Note 1 de l'appendice.

Le Comité proposait en même temps une transaction dans les termes suivants :

« RÉPUBLIQUE FRANÇAISE.

» LIBERTÉ — ÉGALITÉ — FRATERNITÉ.

» *Fédération républicaine de la garde nationale. — Comité central.*

» Au moment où les deux camps se recueillent, s'observent et prennent leurs positions stratégiques ;

» A cet instant suprême où toute une population, arrivée au paroxysme de l'exaspération, est décidée à vaincre ou à mourir pour le maintien de ses droits ;

» Le Comité central veut faire entendre sa voix.

» Nous n'avons lutté que contre un ennemi : *la guerre civile.* Conséquents avec nous-mêmes, soit lorsque nous étions une administration provisoire, soit depuis que nous sommes entièrement éloignés des affaires, nous avons pensé, parlé, agi en ce sens.

» Aujourd'hui, et pour une dernière fois, en présence des malheurs qui pourraient fondre sur tous,

„ Nous proposons à l'héroïque peuple armé qui nous a nommés, nous proposons aux hommes égarés qui nous attaquent, la seule solution capable d'arrêter l'effusion du sang, tout en sauvegardant les droits légitimes que Paris a conquis :

„ 1° L'Assemblée nationale, dont le rôle est terminé, doit se dissoudre ;

„ 2° La Commune se dissoudra également ;

„ 3° L'armée dite *régulière* quittera Paris et devra s'en éloigner d'au moins vingt-cinq kilomètres ;

„ 4° Il sera nommé un pouvoir intérimaire, composé des délégués des villes de 50,000 habitants. Ce pouvoir choisira parmi ses membres un gouvernement provisoire, qui aura la mission de faire procéder aux élections d'une Constituante et de la Commune de Paris ;

„ 5° Il ne sera exercé de représailles ni contre les membres de l'Assemblée, ni contre les membres de la Commune, pour tous les faits postérieurs au 26 mars.

„ Voilà les seules conditions acceptables.

„ Que tout le sang versé dans une lutte fratricide retombe sur la tête de ceux qui les repousseraient.

« Quant à nous, comme par le passé, nous remplirons notre devoir jusqu'au bout.

» 4 prairial, an 79.

« *Le Comité central.* »

L'histoire prononcera entre ces hommes qui, encore debout, se sont efforcés d'arrêter l'effusion du sang et ceux qui, repoussant toute conciliation, les traquant comme des bêtes fauves, refusant de leur reconnaître les qualités d'hommes et de citoyens, les ont, par leur froide cruauté, rejetés dans le désespoir.

Cependant, le Comité de salut public, solide à son poste, organisait la résistance (1). Les chefs de barricades furent autorisés à requérir tous les vivres et outils nécessaires à la défense ; toute maison de laquelle on tirerait sur les gardes nationaux, fut condamnée à être brûlée. *Ouvrez les contre-vents, levez les jalousies, fermez les fenêtres !* — ce cri remplit les rues. Au dessous des fausses fenêtres, une inscription fut mise après vérification. Comme la veille, tous les magasins étaient fermés. Un ou deux journaux parurent.

1. Note 1 de l'appendice.

malgré les obus du Trocadéro qui tombaient à l'imprimerie de la rue d'Aboukir et aux bureaux de vente centrale de la rue du Croissant. Le *Tribun du Peuple* prêchait la résistance et déclarait la victoire possible tant que Montmartre appartiendrait aux fédérés. Et à cette même heure, la butte tombait presque sans combat !

La dernière, la seule forteresse qui pût balancer le succès, cette hauteur inaccessible de laquelle tout assaillant doit être précipité, elle fut prise en moins de six heures, sans bataille ! — surprise, dois-je dire. Mais la guerre est faite de ruses ; poitrine contre poitrine, qui eût jamais vaincu les braves fédérés !

Pendant la nuit une forte reconnaissance de Versaillais avait essayé de surprendre les avant-postes des Batignolles et enlevé une sentinelle. Le fédéré cria de toutes ses forces : *Vive la Commune !* et ses camarades avertis purent se mettre sur leurs gardes. Il fut aussitot fusillé. Ainsi tombèrent d'Assas et Barra.

La butte Montmartre fut attaquée de trois côtés à la fois, dès six heures du matin. Clinchant, maître de la gare Saint-Lazare, s'avança par les Batignolles ; Ladmirault, longeant les remparts, prit à revers toutes les portes de Neuilly à Saint-Ouen, tournant ainsi Montmartre, pendant que Montaudon s'avançait à l'extérieur de la ville, *sur la zone neutre*, par Clichy et Saint-Ouen.

Clinchant vint se heurter aux Batignolles, contre la barricade de Clichy. La résistance dura deux heures; il fallut, pour réduire ces pavés mal agencés et derrière lesquels cent hommes à peine combattaient, l'effort combiné des canons versaillais, amenés dans la rue de Saint-Pétersbourg, et des régiments entassés dans le collége Chaptal. Un peu avant, une colonne s'empara de la mairie des Batignolles, que le membre de la Commune Malon, homme d'un cœur éprouvé, dut abandonner, après avoir évacué sur Montmartre ses voitures et ses munitions.

Une partie des troupes remonta l'avenue de Clichy. Rue des Carrières, une barricade l'arrêta net. Les fédérés tinrent bon jusqu'au moment où Ladmirault, maître de l'avenue de Saint-Ouen, les tourna par le cimetière Montmartre et les prit entre deux feux. Une vingtaine de gardes, restés à la barricade, refusèrent de se rendre. Les Prussiens se fussent contentés de les désarmer, admirant leur courage; les Versaillais les fusillèrent sans pitié.

Place Blanche, les cent vingt femmes qui défendaient la barricade, tinrent quatre heures en échec les troupes de Clinchant. A onze heures seulement, exténuées et manquant de munitions, elles furent surprises et celles qu'on saisit massacrées sur place. Les Versaillais, passant sur leurs cadavres, s'élancèrent vers la rue Lepic, que gravissaient en même temps les soldats vainqueurs de la rue des Carrières.

Cluseret n'avait fait que paraître à Montmartre. Le commandement était resté entre les mains de La Cécilia. Républicain, savant distingué, brave, mais absolument incapable d'organiser la résistance, il se perdit toute la matinée dans le chaos des bataillons. Rien n'avait été préparé pendant le siége pour mettre Montmartre à l'abri d'un coup de main, et l'on s'était contenté d'y accumuler des pièces et des munitions. Il était difficile au dernier moment d'improviser un plan de défense; personne ne l'essaya, et les fédérés ne pouvaient guère y suppléer par leur initiative. La demi-discipline de la garde nationale avait énervé cette spontanéité si précieuse dans la guerre des rues. On s'était habitué à une sorte de direction, d'administration. Quand elles manquèrent, les gardes nationaux, abandonnés à leurs seules ressources, crurent à la trahison, cédèrent au découragement, et sur beaucoup de points se retirèrent.

Vers dix heures, La Cécilia connut la marche tournante de Ladmirault. — Malon venait d'arriver. Au même moment, une colonne s'emparait du Château-Rouge. Les gardes nationaux accoururent auprès du général, criant à la trahison, que les portes Saint-Ouen et Clignancourt avaient été ouvertes aux troupes versaillaises. Reconnaissant qu'il était cerné, La Cécilia dut donner aux hommes découragés l'ordre de la retraite. Peu d'instants après, les colonnes du Château-Rouge et de la rue Lepic faisaient sans combat, au travers des rues escarpées et tortueuses, leur jonction sur les buttes. Puis, redescendant, elles s'emparèrent de tout le XVIIIe arrondissement, et, vers une heure, occupèrent la mairie.

La barricade de la place Pigalle ne put être emportée qu'après trois heures de lutte. Là se trouvaient les femmes qui s'échappèrent de la place Blanche. Délogées de nouveau, les survivantes s'enfuirent vers la barricade du boulevard Magenta. Pas une ne survécut. C'est un des nombreux épisodes de cette barricade devenue légendaire.

Un étudiant en médecine anglais, attaché aux ambulances de la Commune et qui se trouvait présent à cet endroit, a raconté quelques preuves du dévouement héroïque que le peuple montrait à la défense de sa cause :

« On m'apporta un homme âgé de quarante ans, qui avait reçu une balle dans les poumons. Il n'avait qu'une demi-heure à vivre, et après avoir été pansé d'une façon peu habile par le barbier, il fut déposé dans un coin de la salle. J'étais à ma besogne, quand un cri violent me fit retourner. C'était le blessé qui l'avait poussé, et je le vis essayer de se lever sur ses mains et ses genoux. Je lui demandai ce qu'il désirait, et, après quelques efforts, il dit : « Citoyen, je suis un soldat de la République universelle; je me suis battu en 48 et maintenant je meurs en 71. Dites à mes amis que je crie en expirant : Vive la Commune ! » Quelques convulsions et il n'était plus.

» Un autre, un jeune Polonais, de l'état-major de Dombrowski, reçut une balle dans le ventre et fut transporté une heure après dans mon ambulance. La perte de sang avait été si forte qu'il était presque mort. Je le soignai pourtant, et on alla chercher son frère aîné, qui était du même régiment que lui. Quand il arriva, je lui montrai son jeune frère blessé, qui lui dit : « Je rejoindrai mon régiment dans une demi-heure; demande à Dombrowski de m'accorder un peu de repos; dis-lui bien que ce n'est pas par lâcheté que je me trouve ici. „ L'aîné le regarda d'une manière que je ne puis décrire, prit sa main, la serra avec angoisse et sortit en disant : “ Oui, viens tantôt. „ J'entendis ses éperons résonner sur les dalles, et le son ne s'éteignait pas encore que son pauvre frère expirait. Une troupe composée de tels gardes aurait pu faire des miracles si elle avait été bien commandée. „

Le premier acte des Versaillais, dès la prise de Montmartre, fut d'établir au sommet de la butte, au nº 6 de la rue des Rosiers, une prévôté présidée par un capitaine de chasseurs. Certains habitants du quartier rivalisant de zèle pour dénoncer les Communalistes, les arrestations furent nombreuses. Les prisonniers étaient interrogés sommairement. Puis on les conduisait dans le jardin. On les contraignait à se mettre à genoux, tête nue, en silence, devant le mur au pied duquel les généraux Lecomte et Clément Thomas avaient été exécutés le 18 mars. Ils restaient ainsi, en face de ce mur dont l'aspect les préparait à la mort, jusqu'à ce que d'autres vinssent les remplacer. Puis on les emmenait à deux pas de là, sur le versant de la butte dominant la route de Saint-Denis, et on les fusillait.

Ce fut le mardi que commencèrent les massacres réguliers de tous ceux que les dénonciations des voisins accusaient d'avoir servi ou seulement soutenu la Commune. Beaucoup de concierges, comme en juin 1848, se firent pourvoyeurs de massacre, dénonçant leurs locataires ou les habitants du quartier. Partout, au fur et à mesure de l'occupation, des cours martiales s'installèrent et prononcèrent des condamnations sommaires, immédiatement exécutées. Pour ne point ralentir le récit de l'action militaire, nous renvoyons les détails à un chapitre suivant.

Les Versaillais maintinrent le drapeau rouge sur les buttes, afin de laisser croire aux fédérés que Montmartre leur appartenait encore. Le drapeau tricolore ne fut arboré que deux jours plus tard, après la complète installation des batteries dirigées contre les buttes Chaumont et le Père-Lachaise.

Au moment où Montmartre succombait, la troupe s'emparait de l'église de la Trinité, défendue par cent fédérés, qu'il fallut déloger à coups de canon et refouler ensuite à l'arme blanche; elle surprenait le nouvel Opéra, insuffisamment défendu. Cinq pièces établies sous le porche de l'église de la Trinité, commencèrent à battre la barricade de la chaussée d'Antin, qui défendait l'accès du boulevard et de la place Vendôme. La canonnade dura six heures, jusqu'au moment où les marins, cheminant à travers les maisons, parvinrent à dominer la barricade et à fusiller ses défenseurs presque à bout portant.

Les troupes, poursuivant leur mouvement, descendirent sur trois colonnes ; à gauche, rue de Châteaudun, contre la barricade de Notre-Dame de Lorette ; au centre, rue Lafayette, où se trouvaient les barricades du carrefour Drouot : à droite, rue du 4 Septembre. Les seules barricades de la rue Notre-Dame et du carrefour Drouot opposèrent une résistance durable. La rue du 4 Septembre ne fut même pas défendue, quoi qu'en aient dit les complaisants historiographes de l'armée versaillaise.

Vers six heures, l'ensemble des barricades établies rue Rochechouart et chaussée Clignancourt, était à peu près abandonné. Ce fut dans la rue Myrrha, en s'efforçant de rallier les fédérés, que Dombrowski, presque seul, tomba mortellement blessé. « Et ils diront que j'ai trahi! » s'écria-t-il, faisant une douloureuse allusion aux soupçons de la veille. Peu après, il mourut dans d'atroces douleurs. On le transporta à l'Hôtel de ville. Nous vîmes le cortége s'avancer précédé d'un drapeau rouge; quelques gardes suivaient la civière. Tout le monde se découvrait, les fédérés accouraient des rues voisines. Alors seulement on commença à connaître à l'Hôtel de ville l'occupation de Montmartre et les dangers de la position.

Sur la rive gauche, le général Cissey avait pris d'assaut, dès le matin, la gare Montparnasse, après avoir tourné, par le carrefour de la Croix-Rouge, la rue du Dragon et la rue de Taranne, les batteries de la rue de Rennes. Toujours même manœuvre ;—les fédérés se fortifiaient aux extrémités des grandes voies; les Versaillais, se gardant bien de leur faire face, attaquaient les rues latérales moins défendues, moins préparées, et prenaient à revers l'ouvrage principal. Les troupes descendirent ensuite, sur trois colonnes, les rues Jacob, de l'Abbaye, Gozlin, jusqu'à la barricade de la place de l'Abbaye. Le combat durait depuis deux heures et demie environ, quand des habitants du quartier prévinrent les marins qu'on pouvait tourner les défenses par le jardin de l'Abbaye. Les fédérés, pris dès lors à revers, durent évacuer la barricade. Dix-huit d'entre eux, qui refusèrent de se rendre, furent massacrés sans pitié. De la place de l'Abbaye, les Versaillais, se divisant, gagnèrent les quais par le carrefour de Buci et la rue de Seine, et par la rue Saint-André des Arts, le boulevard Saint-Michel. Sur la droite, ils tenaient l'église Saint-Sulpice et la mairie du VIe. Les officiers s'installèrent aux bureaux du télégraphe et communiquèrent avec l'Hôtel de ville, en laissant croire que les fédérés occupaient toujours la position. Ayant demandé ce qu'il faudrait faire si les Versaillais s'avançaient, on leur répondit, suivant leur récit : « Faites sauter ! » Immédiatement, *disent les journaux versaillais qui rapportent cette anecdote*, on fusilla les délégués du VIe arrondissement, — sans doute pour les punir d'un ordre qu'ils n'avaient pas provoqué, qu'ils n'avaient pas reçu et qu'ils ne pouvaient mettre à exécution.

La marche des troupes était moins avancée sur les bords de la Seine. Tout le jour le canon gronda rue de Grenelle-Saint-Germain, rue Saint-Dominique et passage Sainte-Marie. Là des bataillons versaillais furent décimés, mais l'artillerie et les renforts leur arrivèrent par masses. Des croisées de ce quartier naturellement hostile à la Commune, des balles venaient à chaque instant frapper les fédérés derrière les barricades. L'ennemi déclaré, de quelque façon qu'il lutte, face à face ou par ruse, est toujours digne de respect. Mais celui-là est au-dessous de toute pitié, qui, s'embusquant derrière sa neutralité, égorge sournoisement son adversaire. Les fédérés punirent ces lâches aggressions en brûlant les maisons d'où étaient venus les projectiles. Les obus versaillais avaient allumé déjà un grand nombre d'incendies; bientôt tout le quartier fut en flammes.

Pendant que son aile gauche se rabattait sur la Seine pour donner la main au général Vinoy, l'aile droite du général de Cissey rasait les remparts du XIVe arrondissement. Les fédérés avaient barricadé la place de l'église Saint-Pierre et la gare de Sceaux; ils luttèrent rudement, toute la journée et le soir seulement, la mairie de Montrouge tomba au pouvoir de l'armée.

Le mardi soir, à huit heures, l'armée versaillaise occupait sur la rive droite une ligne qui, partant de Montmartre, suivait la rue Rochechouard, la rue Cadet, la rue Drouot, le boulevard des Italiens, le nouvel Opéra et la rue de la Paix; sur la rive gauche, le Corps législatif, l'église Saint-Sulpice, enclavaient l'espaéce compris entre la Seine, le boulevard Saint-Michel, la rue de l'École-de-Médecine et la rue Bonaparte, et venait aboutir, par la gare de Sceaux, à l'extrême limite du XIVe arrondissement : — la moitié de Paris environ, presque dix arrondissements entiers et la forteresse principale. — L'arc de cercle décrit au commencement par les troupes se tendait, on le voit, et se transformait en une ligne presque droite. La position des corps était ainsi déterminée : au centre, Douay et Vinoy enveloppaient les Tuileries, la place Vendôme ; à l'aile gauche, Ladmirault et Clinchant continuaient leur mouvement vers la Bourse, le carrefour Drouot et Montmartre ; Cissey, à droite, s'efforçait de se porter par la Seine sur l'Hôtel de ville.

La nuit vint et n'arrêta pas la bataille. Quatre-vingts pièces d'artillerie, installées sur les quais d'Orsay, de Passy, au Champ-de-Mars, à la barrière de l'Étoile, tonnèrent contre la place de la Concorde et le jardin des Tuileries. On vit bien alors combien ces fortifications si vantées étaient incomplètes. La barricade de la rue Royale, sans embrasures, sans créneaux, était d'ailleurs commandée par la Madeleine, au pouvoir des Versaillais ; la barricade de la rue Saint-Florentin, armée de trois pièces de 7, la terrasse des Tuileries, garnie de six pièces seulement, ne pouvaient répondre à une telle averse de fer. Et cependant, sur ce point de Paris, la résistance fut effroyable. Les canons de la terrasse et de la redoute balayèrent pendant deux jours tout ce qui osa s'aventurer dans les Champs-Élysées. La place fut bientôt couverte de débris de toutes sortes : cadavres, colonnes de bronze, statues, fontaines, candélabres renversés, tordus, pulvérisés par les obus. Enfin, vers minuit, cette ligne de défense n'étant plus tenable, il fallut l'évacuer. La place de la Concorde, la rue Royale furent occupées par les troupes. La barricade Saint-Florentin, attaquée aussi par derrière, dut être abandonnée. Avec la barricade de la rue de la Chaussée-d'Antin, la place Vendôme était tombée, prise à revers par la rue de la Paix.

M. Thiers avait télégraphié le soir à ses préfets : « Si la lutte ne finit pas aujourd'hui, elle sera terminée demain au plus tard et pour longtemps. » Depuis le début de la guerre, il avait cru sérieusement que, les remparts franchis, les armes tomberaient des mains des Parisiens et que tous les membres de la Commune ne songeraient qu'à s'enfuir. Mais Paris, contre toutes les habitudes militaires de l'Empire, avait attendu l'armée de pied ferme, se défendait rue par rue, maison par maison, et, plutôt que de se rendre, il brûlait !

Une lueur se lève sur Paris, mais sanglante et rougeâtre. Les Tuileries brûlent ! Puis le Palais-Royal, puis la Légion d'Honneur, puis le Conseil d'État, la Cour des Comptes. — De formidables détonations partent du palais des rois ! — Ce sont les barils de poudre qui éclatent, les murs qui s'écroulent, les vastes coupoles qui s'effondrent. Les flammes, tantôt longues et lentes, tantôt vives, comme des dards, sortent des mille croisées. La Seine est en feu, et de ses ponts qui apparaissent d'une blancheur éclatante, on la voit, miroir immense, refléter ses bords enflammés. Le vent soufflait légèrement de l'est. Les flammes irritées semblaient se dresser contre Versailles, et dire au vainqueur, rentrant à Paris, qu'il n'y retrouverait plus sa place et que ces vastes monuments monarchiques n'abriteraient plus de monarchie. Peuple ou roi, le souverain, quel qu'il soit, ne pardonne jamais aux symboles de l'ennemi. Ainsi, au XVIe siècle et en 89, la royauté et la bourgeoisie ne furent en repos que lorsque les nids de pierre de la féodalité eurent été détruits et ramenés au ras du sol.

La rue du Bac, la rue de Lille, lancent au

milieu de la nuit leurs rougeurs sinistres. Un immense arc de feu s'étend de la rue Royale, jusqu'à Saint-Thomas-d'Aquin. De vastes tourbillons de fumée enveloppent tout l'ouest de Paris, et des trombes gigantesques de flammes, s'élevant des monuments incendiés, retombent en pluie brûlante sur les quartiers voisins.

Minuit. — Nous approchons de l'Hôtel de ville ; les sentinelles, poussées fort loin, de distance en distance, préviennent toute surprise. A la barricade de l'Avenue Victoria, un membre de la Commune qui nous accompagne donne l'ordre d'enlever le corps d'un homme qu'on vient de fusiller. Ce malheureux, vêtu d'un uniforme d'officier, gisait palpitant au pied de la barricade. De larges jets de sang avaient rejailli sur la muraille de pavés; les yeux remuaient encore. Il était venu dans la soirée porter ou demander un ordre à l'Hôtel de ville, et les officiers l'avaient invité à leur table. Peu après, un colonel portant le même uniforme que le nouveau venu, entra précisément dans la salle, regarda fixement l'officier, ne le reconnut pas et lui demanda son nom. Celui-ci se troubla. — « Mais non, vous n'êtes pas des miens, » dit avec force le colonel. — On arrêta le personnage, on le trouva porteur d'instructions et d'ordres de l'état-major versaillais; on l'entraîna au dehors. Fusillé comme espion, son corps fut jeté à la Seine.

Nous entrâmes. Les couloirs inférieurs étaient remplis de gardes nationaux, dormant dans leurs couvertures. A côté des blessés étendus sur leurs matelas rougis, des civières dressées le long des murs dégouttaient de filets de sang. On apporta un commandant qui n'avait plus face humaine; une balle, entrée par la bouche, avait enlevé les lèvres, une partie des dents et fait un trou énorme dans la joue. Ne pouvant articuler un son, ce brave agitait dans sa main un drapeau rouge comme une dernière menace, et du geste il exhortait les hommes couchés à se lever pour le combat. L'escalier, soutenu par des colonnes de marbre, qui conduisait aux bureaux de la guerre, était noir de foule des deux côtés; les sentinelles préservaient à peine le cabinet du délégué. Certains membres de la Commune se multipliaient. Mais quelques-uns de ceux qui avaient des fonctions militaires, ne portaient plus leur uniforme, plus nécessaire cependant que jamais dans une pareille confusion. Le membre du Comité de salut public, Ranvier, républicain droit, austère et la plus froide énergie de la Commune, ayant rencontré, revêtus d'habits civils, deux de ses collègues X et X, les plus empanachés pendant le siége, les apostropha durement, menaçant de les faire fusiller s'ils ne se rendaient dans leurs arrondissements pour y soutenir la résistance. Dans le bureau du délégué, deux ou trois officiers de sang-froid faisaient le calme, expédiaient des ordres, donnaient des signatures. Un d'eux, X, jeune homme impassible, se faisait remarquer par sa présence d'esprit véritablement admirable, parlant peu et faisant face à tout.

Beaucoup d'officiers supérieurs et même de simples gardes entouraient la table. Nul discours, mais des conversations par groupe. L'espoir était absent, mais le courage restait. Delescluze ne se soutenait que par la volonté. Les souffrances de la prison de Vincennes, les angoisses de ces derniers jours avaient brisé sa santé. Depuis le mois d'avril, sa voix avait totalement disparu. Usé, cassé, blanchi, moribond, le regard et le cœur étaient seuls vivants chez lui.

Nous descendîmes au premier étage, et dans la fameuse chambre bleue, gardée par des sentinelles, nous vîmes Dombrowski mort, étendu sur un lit, dans son uniforme, pantalon et tunique noire, sans autres ornements que des galons aux manches. Une seule bougie éclairait la pièce. Deux ou trois officiers, assis dans les coins obscurs, veillaient silencieux. Près du lit, un capitaine esquissait à la hâte les derniers traits du général. Le visage d'une blancheur de neige était calme, le nez fin, la bouche délicate, la petite barbe blonde relevée en pointe. Ses traits fermes et pleins de douceur en même temps avaient reflété pendant leur vie une âme généreuse qui s'emparait invinciblement de tous ceux qui l'approchaient. Ses ennemis n'ont pu contester son mérite militaire, et en effet, pendant cinq semaines, avec une poignée d'hommes, il disputa pied à pied Neuilly aux Versaillais. D'une bravoure exagérée, oubliant que sa vie ne lui appartenait plus, on le vit aux avant-postes, surprendre et désarmer les sentinelles des Versaillais. Il vivait de la vie et de la nourriture du soldat et soumettait son état-major à toutes ses épreuves. On a calculé que ses aides de camp vivaient en moyenne trois jours. Son cœur l'avait fait le champion d'une cause qui devait succomber, faute d'organisation. Il le savait, et il la servit comme s'il eût espéré la victoire. Aucune amertume ne lui manqua ; objet d'un odieux soupçon à la dernière heure, il mourut pour ceux qui l'accusaient.

Les journaux de Versailles ne lui ont pas ménagé l'injure, l'appelant faux monnayeur, lui donnant pour aide de camp un proxénète (1). Cette vie courageuse et loyale peut défier bien d'autres attaques. Dombrowski dédaignait de répondre. Les défenseurs de sa mémoire peuvent croire, comme lui, que ses actes la protégent suffisamment.

Les cours intérieures de l'Hôtel de ville bouillonnaient de foule et de tumulte. On évacuait à grand fracas les munitions sur la mairie du XIe. Des prolonges d'artillerie, des omnibus

(1) Un journal, *le Grelot*, publié par le photographe Bertall, et qui parut après les massacres, faisait parler ainsi Dombrowski :

Général polonais, j'ai volé plusieurs sommes,
Un peu partout : tué pour ma part cinquante hommes,
Quatre femmes, de plus énormément d'enfants.
J'ai pris soin d'afficher des placards triomphants
Qui grisaient l'ouvrier et le faisaient se battre.
Jurant comme un païen, me soûlant comme quatre,
Sabrant, assassinant, fusillant, bombardant ;
J'ai couronné, Rigault et Pilotell aidant,
Mon œuvre de brigand, fidèle à ma parole,
En faisant de Paris un grand punch au pétrole.
C'était beau ! Tu voulais mes titres ? Les voilà !

chargés de poudre, retentissaient sous les voûtes avec un cliquetis sinistre. Jamais les fêtes du baron Haussmann n'éveillèrent d'aussi sonores échos. Dans cette dernière nuit de son existence, l'Hôtel de ville offrit un aspect prodigieusemen fantastique. La vie et la mort, le râle et le rire se coudoyaient, dans les escaliers. à chaque pièce, à chaque étage, baignés par la même lumière éblouissante du gaz. Souvent on surprenait des espions et on les exécutait sur la place de l'Hôtel de ville contre une barricade. Malheur à tout individu suspect ou soupçonné de l'être. Dans ces moments de luttes physiques et morales, quand la vie est à la merci d'une erreur ou d'un caprice, l'insouciance de la mort vous gagne comme un vertige, et l'existence perd tout son prix, comme l'or entre les mains fiévreuses du joueur.

On ne savait rien à l'Hôtel de ville de l'exécution du rédacteur du *Siècle*, Gustave Chaudey, fusillé à la prison de Sainte-Pélagie. Le *Siècle* seul a rapporté cet épisode, et l'on n'a pu contrôler son témoignage. Il raconte que le soir, à onze heures, le procureur de la Commune Raoul Rigault, pénétrant dans la cellule de Gustave Chaudey, lui déclara qu'il allait être immédiatement exécuté. Conduit dans la partie du chemin de ronde voisin de la Chapelle, Chaudey était tombé aux cris de : Vive la République ! Il était enfermé depuis plus d'un mois, sous l'inculpation d'avoir, étant adjoint à la mairie de Paris et présent le 22 janvier à l'Hôtel de ville, ordonné le feu contre le peuple dans cette fatale journée. Raoul Rigault affirmait avoir en mains la preuve certaine que l'ordre avait été donné par Chaudey. Ce procès, par malheur, ne put être instruit publiquement, et Chaudey tomba au moment où, sous les balles versaillaises, des centaines de citoyens, pris en dehors des barricades, étaient égorgés sans jugement.

A trois heures du matin, un officier d'état-major arriva de Notre-Dame. Des bruits d'incendie ayant couru, le directeur de l'Hôtel-Dieu, dont l'hospice contenait huit cents malades, avait exprimé ses craintes à un officier d'état-major. Aussitôt un membre du Comité de salut public signa l'ordre formel au chef de poste de la caserne voisine de s'opposer à tout préparatif de cette nature, s'il y en avait. Cet ordre fut immédiatement porté par l'officier, et des mesures de précautions furent prises en conséquence. L'humanité de la Commune préserva la cathédrale de tout fait de guerre, et pendant les jours qui suivirent, aucun des obus du Père-Lachaise ne l'atteignit.

A cinq heures, le silence le plus complet régnait dans cette partie de Paris et les barricades établies au pont Notre-Dame étaient entièrement abandonnées. L'Hôtel de ville lui-même avait perdu de son animation ; les gardes dormaient sur la place et, dans les bureaux, étendus sur les matelas et les canapés, les membres de la Commune et les officiers des différents services prenaient quelques instants de repos.

Ce fut la dernière matinée de l'Hôtel de ville, ce fut le premier jour qui se leva sans un rayon d'espoir.

CHAPITRE IV.

Le mercredi 24.

Dépêche mensongère de Versailles. — Guerre à outrance. — Le point d'honneur des gouvernements. — Prise du Palais-Royal, des Halles centrales. — Incendie de l'Hôtel de ville. — Installation à la mairie du XI°. —Exécution du comte de Beaufort.— Attaque de la butte aux Cailles. — Prise du Panthéon. — Mort courageuse de Raoul Rigault.— Exécution de quarante gardes nationaux.— Préparatifs à la Bastille, dans le faubourg Saint-Antoine et dans tout le XIe arrondissement. — Aspect de ces quartiers. — Positions des Versaillais dans la soirée. — Massacres dans Paris. — Cours martiales. — La mairie du XIe. — Exécution de l'archevêque de Paris et de cinq otages à la Roquette. — Paris en flammes. — Les Prussiens et les Versaillais. — Delescluze.

Le gouvernement de Versailles télégraphia à la province que le maréchal Mac-Mahon venait une dernière fois de sommer les fédérés de se rendre, sous peine d'être passés par les armes. C'était un odieux mensonge ajouté à tant d'autres. Jamais à aucun moment de la lutte dans Paris, ni après la prise de Montmartre, ni après l'occupation de la rive gauche, c'est-à-dire quand la victoire était impossible aux fédérés, aucune proposition, aucune sommation de déposer les armes ne leur fut adressée directement ou indirectement. Beaucoup auraient peut-être renoncé à la lutte, s'ils eussent connu l'inutilité de toute résistance. Mais M. Thiers, comme Cavaignac en 48, voulut prolonger le combat. Cette bourgeoisie qui avait capitulé d'enthousiasme devant les Prussiens, tremblait de rage à la seule pensée de céder devant Paris. Elle avait livré d'un vote unanime la pudeur, la fortune et la terre françaises, elle était prête encore à faire à la Prusse toutes les concessions, mais traiter avec des Français, des prolétaires, mais abandonner ses priviléges, son droit d'exploitation de la France, — plutôt la mort. Que lui faisaient et le bombardement, et les incendies, et le sort des otages? que lui faisait d'exposer Paris, en prolongeant le combat, à une destruction complète, pourvu que le boulevard du socialisme fut écrasé et la revendication du peuple étouffée pour longtemps? Que lui importait de triompher sur des ruines, si sur ces ruines ellepouvait écrire : « Paris fit la guerre à la bourgeoisie, Paris n'est plus ! »

Le 24, il ne restait aux fédérés qu'à venger d'avance leur mort. L'armée de l'ordre était montée à un degré de férocité que rien ne saurait peindre. « Ce ne sont plus, disait un journal conservateur, *la France*, des soldats accomplissant un devoir, ce sont des Français, résolus à écraser la barbarie. » La barbarie, c'est pour ces messieurs le peuple revendiquant des droits.

Dès cinq heures du matin, les Versaillais ouvrirent le feu contre le Palais-Royal qu'ils canonnèrent à outrance, et des combats acharnés se livrèrent dans les rues Richelieu et de Valois. A sept heures, cette position fut emportée par les troupes qui, maîtresses de la rue Neuve des Petits-Champs et de la place de la Bourse, avaient pu tourner lesfédérés. Le mouvement d'ensemble avait été dirigé dès le matin : à droite, vers les halles centrales, d'où les troupes devaient gagner l'Hôtel de ville et la rue Turbigo, pendant qu'une colonne suivait les rues Rivoli et Saint-Honoré; au centre, vers les boulevards, pour arriver au Château-d'Eau ; à gauche, par la gare du Nord et le boulevard Magenta, vers le Château-d'Eau, sur lequel on marchait ainsi de plusieurs côtés.

La rue du Quatre Septembre n'avait pas été défendue. Le mercredi matin, un habitant du quartier se présenta derrière les pavés amoncelés à l'entrée de la place de la Bourse et agitant un morceau d'étoffe blanche au bout de sa canne, fit signe aux soldats postés au carrefour du nouvel Opéra, qu'il n'y avait aucun danger à s'approcher. Ces braves s'emparèrent immédiatement de la position. Aux Halles centrales, la lutte commença, terrible, de bonne heure. Les fédérés, retranchés dans l'église Saint-Eustache et les halles, furent assaillis par des nuées de soldats de la division Ladmirault. Enveloppés, cernés par toutes les rues adjacentes, plus de 500 restèrent sur place ; trois cents, faits prisonniers, furent fusillés séance tenante ; le reste remontant la rue Turbigo, alla renforcer la barricade Saint-Laurent, en haut du boulevard Magenta.

A dix heures, l'Hôtel de ville n'était plus qu'un brasier. Depuis le matin on avait évacué les malades sur le XIe arrondissement. Le vieil édifice, témoin de tant de parjures, où tant de fois le peuple installa des pouvoirs qui se retournèrent contre lui, ne devait pas survivre à son véritable maître. Au bruit du beffroi et des clochetons qui s'abîmaient, des voûtes et des cheminées s'écroulant, des sourdes détonations et des explosions éclatantes, se mêlait la voix brutale des canons de la grande barricade du square Saint-Jacques qui balayait la rue de Rivoli.

La Commune, la Guerre et tous les services qui s'y rattachaient s'étaient repliés vers huit heures du matin sur la mairie du XIe arrondissement. On avait agité la question de se retirer sur Belleville, et de s'y fortifier. Mais c'eût été abandonner moralement le Château-d'Eau et la Bastille, et l'on préféra avec raison s'établir au point central de la résistance. Dès son arrivée à la mairie, la délégation de la Guerre se hâta d'installer au Père-Lachaise deux batteries servies par des marins et d'anciens artilleurs de la légion Schœlcher.

Bientôt, dominant l'incendie et la fusillade, on entendit ces redoutables pièces qui bombardaient les positions occupées par les Versaillais. Les obus tombaient dans l'espace compris entre la rue de la Monnaie et le faubourg Saint-Martin, mais sans faire grand mal aux troupes abritées sous les portes cochères.

Un incident, qui se passa vers dix heures à la place Voltaire, montra à quel degré de surexcitation nerveuse les esprits étaient montés. Un jeune officier de l'état-major, le comte de

Beaufort, fut reconnu par des gardes d'un bataillon qu'il avait gravement insultés quelques jours auparavant au ministère de la guerre. On l'arrêta aussitôt. Le bataillon s'assembla, réunit ses officiers et les obligea à constituer un conseil de guerre qui s'établit dans une boutique du boulevard. Beaufort fut amené, jugé et condamné à mort. Delescluze, prévenu, accourut, parvint à pénétrer à grand'peine, essaya de s'interposer, dit que Beaufort serait jugé par la Commune. Son collègue, le brave Mortier, le premier élu et le plus populaire de cet arrondissement, joignit vainement ses efforts à ceux de Delescluze. Le bataillon grondait, menaçant d'engager la lutte si on voulait lui soustraire le prisonnier. Il fallut céder pour éviter une mêlée affreuse. A midi, le malheureux Beaufort fut conduit dans le terrain vague situé derrière la mairie et il fut passé par les armes. — Ce fut le signal d'exécutions sans nombre. La défiance et l'irritation croissaient en raison du danger.

A midi, les membres présents de la Commune se réunirent. Il n'y eut plus de séances à proprement parler, mais une sorte de permanence où l'on se rencontra selon les nécessités du moment. Dans l'après-midi, le délégué à la Guerre parcourut ces quartiers et fit l'inspection des barricades.

Dans le courant de la journée, les Versaillais s'emparèrent des gares du Nord et de l'Est, qui commandent le boulevard Magenta, et sur les anciens boulevards, ils firent le siége des barricades de la porte Saint-Denis et de la porte Saint-Martin.

Sur la rive gauche, le général Cissey, l'aile droite touchant à la Bièvre, l'aile gauche aux abords du Panthéon, poursuivait sa marche en avant. La butte aux Cailles, position élevée de 65 mètres au-dessus de la Bièvre, se défendit merveilleusement. Ce fut là seulement que la résistance se changea en offensive. Profitant de la déclivité du terrain, de braves tirailleurs s'avancèrent contre les troupes régulières et les arrêtèrent toute la journée et toute la nuit. Le Panthéon fut moins heureux, mais il fallut, pour l'enlever, livrer une véritable bataille.

Déjà les approches du Luxembourg avaient coûté à l'armée des pertes énormes. La résistance de la rue Vavin tient du prodige. Du haut d'une maison dominant la barricade, les fédérés aperçurent un régiment versaillais qui, campé, à 1,200 mètres et se croyant parfaitement à l'abri faisait tranquillement la soupe, suivant les saines traditions de M. de Failly. Une pièce de quatre de montagne fut hissée au deuxième étage, chargée à mitraille et pointée contre les soldats. Un seul coup leur tua vingt-quatre hommes.

Vers onze heures du matin, une brigade pénétra dans le Luxembourg par les rues d'Assas et de Vaugirard; puis traversant le jardin, brisant la partie des grilles qui fait face à la rue Soufflot, les Versaillais s'emparèrent de la barricade de cette rue. Mal leur en prit, car les fédérés, les tournant par le boulevard Saint-Michel, leur firent éprouver des pertes énormes. Si les Communalistes avaient été en nombre, s'ils avaient pu renforcer leurs barricades des rues Royer-Colard et Gay-Lussac, la colonne versaillaise, parquée dans les rues Cujas et Mallebranche, aurait été faite prisonnière; mais les forces étaient trop inégales. Un régiment entier se rua sur les barricades Royer-Colard et Gay-Lussac, s'en empara, déboucha par les rues du faubourg Saint-Jacques et d'Ulm, et, faisant sa jonction avec la colonne de la rue Soufflot, alla tourner les fédérés, qui, obligés d'abandonner le Panthéon, se replièrent sur les Gobelins. En même temps, la poudrière établie dans le jardin du Luxembourg, vers la rue de l'Ouest, sautait avec fracas. La commotion fut telle qu'elle suspendit un moment le combat.

Peu après, le procureur de la Commune, Raoul Rigault, tombait sous les balles des Versaillais. Il avait assisté à tout l'engagement et portait l'uniforme de commandant du 114e bataillon, qu'il avait revêtu pour la bataille. Il frappait à la porte de son domicile, rue Gay-Lussac, quand des chasseurs, voyant un officier, firent feu sur lui sans l'atteindre. La porte s'ouvrit, Raoul Rigault entra et les soldats, arrivant au pas de course, se précipitèrent à sa suite dans la maison. Ils s'emparèrent d'abord du propriétaire, M. Chrétien, qui au bruit était sorti; mais son identité fut vite établie par les locataires. A peine sauvé, il s'empressa de livrer Rigault. Voici son témoignage, tel qu'il résulte d'une lettre qu'il envoya le 29 mai au *Siècle :*

« Entendant qu'on le poursuivait, Raoul Rigault monta au sixième étage, où je le rejoignis en lui disant qu'il lui fallait descendre ou que je serais fusillé à sa place. Il m'offrit de fuir sur les toits, ce que je refusai ; alors il me dit :

» Je ne suis ni un c..... ni un lâche, et je descends. »

» Je suis descendu chercher les chasseurs

qui sont montés, et on l'a arrêté au deuxième étage.

„ Raoul Rigault s'est présenté en disant : “ Me voilà! *C'est moi !* „ en se frappant la poitrine; et il a remis au caporal son épée et son revolver. „

Les soldats l'entraînèrent. On l'amena au Luxembourg, où la cour martiale s'installait. A la hauteur de la rue Royer-Colard, l'escorte rencontra un colonel d'état-major, qui s'informa du nom du prisonnier. Rigault pouvait prolonger sa vie en se nommant. La prise d'un tel personnage était trop importante pour que les Versaillais l'eussent mis immédiatement à mort. Mais il dédaigna de demander un répit qu'il n'aurait pas accordé lui-même, et il répondit d'une voix éclatante : “ *Vive la Commune! A bas les assassins!* „ Aussitôt il fut acculé contre le mur et passé par les armes.

Son corps, revêtu d'un pantalon noir, d'une tunique d'officier ouverte et laissant voir un gilet noir, resta pendant vingt-quatre heures abandonné à l'entrée de la rue Royer-Colard, gisant dans une mare de boue et de sang. “ La tête, encadrée par les cheveux et la barbe que le sang avait collés, était affreuse à voir. Tout le côté gauche de la figure, écrasé, ne formait qu'une plaie où l'œil gauche et la cervelle se confondaient dans un mélange noirâtre; l'œil droit, ouvert, hagard, gardait une affreuse fixité. „

Ce ne fut que dix jours après que son corps fut rendu par les soldats et enterré au cimetière Montmartre.

Sa fin courageuse lui sera comptée. Il a conquis le repos. Mais ceux qui le firent tout-puissant seront à jamais responsables de tous les actes de sa dictature.

Non loin de l'endroit où il périt, l'armée massacra quarante gardes nationaux faits prisonniers dans une rue voisine du Panthéon. Un colonel les fit mettre en rang, et dit à l'un d'eux : « Vous, allez dans ce coin, „ et il montrait un mur, distant d'une trentaine de pas. Le fédéré obéit, et avant d'atteindre le mur, il tomba fusillé par derrière. « A vous, maintenant, „ dit le colonel en indiquant un autre prisonnier. Celui-là ne pouvait avoir le moindre doute, ayant vu le sort de son camarade. Et cependant sans dire un mot, calme, le front haut, les bras croisés, il se mit en marche, et, comme le premier, il tomba foudroyé avant d'avoir atteint le mur. « A un autre, „ dit le colonel. Trente-huit fois, cette horrible scène se répéta, et trente-huit fédérés, l'un après l'autre, marchèrent à la même mort, avec la même fierté. Seuls, les deux derniers, affolés sans doute par la vue de ce massacre, se jetèrent à terre où ils furent fusillés.

Maître du Panthéon, c'est-à-dire du point stratégique le plus important de la rive gauche, Cissey porta d'un côté son effort sur la butte aux Cailles, et de l'autre, il s'efforça de se rapprocher par la Seine, de l'Hôtel de ville attaqué de front par Vinoy. En même temps, les troupes remontaient la rue Turbigo et les anciens boulevards, livrant, à chaque pas, des assauts meurtriers, et le corps de Ladmirault opérait sur la Chapelle et la Villette. L'armée s'avançait ainsi, sur cinq lignes de front, refoulant peu à peu la résistance contre les remparts de l'Est.

De formidables préparatifs se faisaient à la Bastille, au faubourg Saint-Antoine, au Château-d'Eau, dans les IVe, IIIe, Xe, XI et XXe arrondissements. Rue Saint-Antoine, à l'entrée de la place, on achevait une puissante barricade soutenue par trois pièces d'artillerie. En arrière, une autre barricade couvrait les rues de Charenton, du faubourg Saint-Antoine et de la Roquette. Les munitions envoyées de l'Hôtel de ville étaient empilées le long des maisons. Mais là, comme ailleurs, on ne prévoyait qu'une attaque de face, et c'était principalement par la barrière du Trône, que le faubourg Saint-Antoine et ces dernières positions devaient être enlevées.

A l'intersection des boulevards Voltaire et Richard-Lenoir, on commençait une barricade formée de tonneaux, de pavés et d'énormes balles de papier; un fossé profond la défendait en outre du côté de la place du Château-d'Eau. Les maisons furent occupées à une assez grande distance. Cet ouvrage était inabordable de front, mais il devait être également tourné.

L'église Saint-Ambroise était devenue l'arsenal, depuis le transfert des services à la mairie du XIe. Les rues avoisinantes, le bas des rues Oberkampf, d'Angoulême, etc., ainsi que le faubourg du Temple, la rue Fontaine-au-Roi et l'avenue des Amandiers, étaient solidement barricadés.

A l'entrée du boulevard Voltaire, place du Château-d'Eau, un ouvrage s'élevait; mais loin d'avoir l'importance qu'on lui a attribué, il atteignait à peine une hauteur de deux mètres. Derrière ce fragile rempart, soutenu seulement par deux pièces de canon, les fédérés devaient arrêter, pendant vingt-quatre heures, toutes les colonnes versaillaises débouchant sur la place du Château-d'Eau.

La chaleur était suffocante. Assis ou couchés à l'ombre des barricades, les hommes de ces quartiers causaient en attendant l'attaque. On ignorait en général l'ensemble des événements; beaucoup s'étonnaient du silence de Montmartre. Ailleurs, on crut jusqu'au dernier moment — nous savons par quel stratagème — que la forteresse luttait toujours, ou bien allait être reconquise. On ne recevait ni renseignements, ni ordres, et les balles seules annonçaient le voisinage ou la présence de l'ennemi. Les obus du Père-Lachaise sifflaient sur la tête des fédérés, allant s'abattre sur les quartiers du centre. Parfois un passant ou deux traversaient, en courant, les rues et les boulevards éclatants de soleil, silencieux et déserts. Là, comme dans tous les quartiers de Paris où l'on se battait, la vie semblait suspendue en plein jour comme par une sorte d'enchantement.

Les barricades de la porte Saint-Denis et Saint-Martin tombèrent vers la fin du jour. Les soldats s'étaient emparés, peu à peu, des maisons latérales, et s'avançant sur les toits, ils purent, à six heures du soir, dominer les fédérés. On raconte que, à cet endroit, un lignard reconnut le cadavre de son père parmi ceux des gardes nationaux qui avaient été transportés sous les voûtes de l'Arc de Triomphe de Saint-Denis.

Le soir 24, vers huit heures, la ligne de l'armée versaillaise s'étendait de la Butte aux Cailles à la Chapelle, en passant par la gare de Strasbourg, la porte Saint-Martin, l'église Notre-Dame, la Halle aux vins. Les fédérés ne possédaient plus que les XIe, XIIe, XIXe et XXe arrondissements, et une partie seulement des IVe, IIIe et Xe. L'armée figurait une sorte d'éventail dont le point fixe était le Pont-au-Change, le bord droit la Seine, celui de gauche la rue du faubourg Saint-Martin et la rue de Flandre, le demi-cercle, les fortifications. — L'éventail allait se fermer désormais jusqu'à ce que ses deux bords, repliés l'un contre l'autre, vinssent écraser Belleville, qui occupait à peu près le milieu.

Cependant, le sang coulait dans les ruisseaux de Paris. Dans le quartier du Luxembourg, on fusillait, disent les journaux versaillais, « *nombre de femmes et d'enfants,* accusés d'avoir tiré sur les soldats. » L'armée avait pris les mœurs sauvages des bandes espagnoles. Tout ce qui résistait était tué, quel que fût le sexe ou l'âge : un détachement du 26e de ligne occupait le parc Monceaux, où l'on amenait un grand nombre de prisonniers : ils étaient tous fusillés pêle-mêle ; on y entendait toute la journée le bruit sinistre des feux de peloton. A côté de l'École militaire, le procès des prisonniers *est déjà terminé*, disait un journal conservateur, *ce n'est que détonations*. La brigade Berthe fut chargée, à cet endroit, de cette besogne. La rage de tuer était telle, qu'il était impossible de sortir de chez soi, même pour aller aux provisions, sans courir le risque d'être fusillé. « J'ai vu, » écrivait à un journal belge un négociant notable de Paris, « j'ai vu, en tremblant d'indignation et de colère, fusiller des femmes, des enfants et des vieillards : j'ai vu entrer dans des maisons, passer au fil de l'épée, indistinctement, tous les habitants, jeter les cadavres par les croisées : j'ai vu dans les rues, de mes yeux vu, dans le quartier Rivoli, des soldats versaillais attiser eux-mêmes le feu, donnant à leur crime un semblant de justification en accusant les fédérés. »

Alors fut créée cette monstrueuse légende des pétroleuses, qui, faisant vite son chemin dans la terreur publique, coûta la vie à des milliers de femmes innocentes. Toute femme mal vêtue ou aux effets en désordre était dite pétroleuse; c'était un arrêt de mort. Dans cette journée du mercredi, un témoin entendit, au coin de la rue de Rivoli et de la rue Castiglione, les cris d'une foule considérable. Des gendarmes, escortaient une femme traînée par deux artilleurs; on l'accusait d'avoir jeté *une fiole* remplie de pétrole dans le ministère des finances qui brûlait depuis trois jours! Elle avait le visage en sang, les vêtements arrachés, et ressemblait à un tas de haillons sur lequel on frappait à bras raccourcis. On la traîna jusqu'au coin du Louvre où on la jeta contre un mur. La foule, rangée en demi-cercle, vociférait: A mort! à mort! Les gendarmes tirèrent deux coups de revolver et firent rouler ce paquet humain dans une mare de sang.

A chaque instant l'annonce de quelque exécution nouvelle parvenait à la mairie du XIe arrondissement. Là, comme la veille à l'Hôtel de ville, l'encombrement était énorme: quelques chefs de service avaient conservé toute leur présence d'esprit au milieu de la débâcle, mais un grand nombre, soit qu'ils eussent été coupés par les Versaillais, soit qu'ils fussent en fuite, avaient disparu. Sur les escaliers, des femmes cousaient des sacs. Les cours regorgeaient de fourgons remplis de cartouches et de poudre. Dans la salle des mariages, où l'on avait établi la sûreté générale, on pénétrait confusément malgré la consigne des sentinelles. Sur les chaises, sur les bancs, par terre, des officiers, des fonctionnaires reposaient. Le délégué à la sûreté siégeait sur l'estrade, assisté de deux secrétaires assis en contre-bas. Il donnait des ordres, visait des permis, interrogeait les gens qu'on lui amenait, jugeait, décidait, parlant d'une voix polie, douce et basse, avec tranquillité. Nous revînmes dans les bureaux de la guerre installés en face de la Sûreté. X qui, comme la veille à l'Hôtel de ville, distribuait des ordres, au milieu du même bruit et avec la même sérénité. Le danger semblait encore avoir accru son inaltérable sang-froid.

Certains hommes se révélèrent à cette heure d'une trempe surhumaine, surtout parmi les acteurs secondaires du mouvement. Ils sentaient que tout était perdu, que leurs efforts étaient inutiles, qu'ils allaient mourir, et, au milieu de cette fournaise ils conservèrent le cœur tranquille, l'esprit lucide, la volonte froide. Jamais aucun gouvernement n'eut à sa disposition une aussi grande somme d'intelligence et d'héroïsme, que celui de la Commune. Mais jamais aucun ne fut plus inférieur à son milieu.

Nous apprîmes dans la soirée l'exécution de Chaudey et la mort de Rigault, en même temps que celle de l'archevêque de Paris et de cinq des otages. On lisait sur le bureau de la sûreté le procès-verbal de cette dernière exécution. Nous vîmes aussi, dans la même salle, celui qui l'avait conduite ; il en fit le récit devant nous. Nous le rapportons textuellement ; pas un mot n'a quitté notre mémoire : il était neuf heures environ.

« Depuis hier, nous apprenions à chaque instant de nouvelles fusillades sommaires commises par les Versaillais. Comme beaucoup de gardes de différents bataillons se sont réfugiés ici après la prise de leurs barricades, on a su que le massacre général était le mot d'ordre et que ni les femmes ni les enfants n'y échappaient. Ce soir, l'exaspération est devenue terrible. Sachant que les otages étaient retenus à la Roquette, les gardes se sont présentés plusieurs fois, menaçant de tout fusiller.

» Muni de pouvoir, j'allai (1) à la Roquette

(1) X et non Ferré, comme l'on dit tous les journaux et la Cour martiale de Versailles. Il n'est pas vrai non plus que deux hommes du peloton se soient jetés aux

sept heures et demie. Devant la porte, je dis aux gardes : Six otages vont être exécutés, qui a former le peloton ?

„ Un grand nombre se présentèrent. L'un 'avança et dit avec un geste terrible : “ Je venge non père. „—Un autre : “ Je venge mon frère.„ – “Moi, dit un garde, ils ont fusillé ma femme.„ Chacun mettait en avant ses droits à la vengeance. Je pris trente hommes et j'entrai.

„ On m'apporta le registre d'écrou. Darboy, Bonjean, Ducoudray, Allard, Clerc et Jecker furent choisis, mais Jecker fut en dernier lieu remplacé par Deguerry.

„ On les fit descendre de leur cellulle. Darboy se disculpait, balbutiant : “ Je ne suis pas l'ennemi de la Commune. J'ai fait cependant ce que j'ai pu. J'ai écrit deux fois à Versailles. „ Fort effrayé d'abord, il se remit un peu quand la mort lui parut inévitable, au pied du mur. Bonjean ne pouvait se tenir debout. “ Qui nous condamne ? a-t-il dit. „ J'ai répondu : “ La justice du peu-

pieds de l'archevêque, lui demandant pardon. La composition du peloton suffit à démentir cette fable produite par un ecclésiastique. De même pour toutes les paroles historiques qu'on prête à l'archevêque, elles sont absolument fausses ; il ne parla que de ses démarches à Versailles.

ple. „ "Oh! celle-là n'est pas la bonne! „ a-t-il repris d'un tel air que les hommes ont ri. Je les ai fait taire.

„ Arrivés au chemin de ronde, on les a placés contre le mur ; Bonjean s'est jeté à terre ; un feu de peloton les a tous renversés, sauf Darboy, qui est resté debout avec une blessure à la tête, une main en l'air. Une seconde décharge l'a foudroyé. Allard est mort avec un grand courage, Darboy convenablement, le reste assez mal. „

La gorge serrée par l'angoisse, nous écoutions ce récit fait d'une voix calme. -- Quelques-uns d'entre nous se détournèrent, prévoyant avec terreur les conséquences certaines de cet acte de désespoir.

Nous montâmes à la lanterne qui couronne la mairie du XIe. Paris brûlait! le Palais-Royal, le ministère des finances, la rue de Rivoli, la rue Royale, étendaient devant nous un rideau de feu. Les caprices de l'incendie élevaient dans la nuit sombre une fantastique architecture d'arceaux, de coupoles, d'édifices chimériques flamboyants. A droite, la porte Saint-Martin, à gauche, l'Hôtel de ville, la Bastille et Bercy projetaient en l'air de sanglantes colonnes de feu. D'énormes dômes blanc, jaillissant vers le ciel, révélaient des explosions formidables. A deux pas, à chaque minute, une lueur jaillissait dans la nuit, c'était le Père-Lachaise qui nous assourdissait de ses obus. Nous restâmes jusqu'au jour, muets et immobiles, regardant ces vagues de flammes. L'histoire se dressait derrière elles. — Les Athéniens abandonnant leur ville à l'incendie et au pillage pour se soustraire au joug des Perses ; Guillaume le Taciturne proposant de livrer à l'Océan le sol des Pays-Bas, plutôt que de le laisser fouler par l'étranger ; Saragosse défendant pied à pied, brûlant ses maisons contre l'envahisseur ; Moscou, dans son incendie sublime, s'offrant en holocauste à la Russie ! — Si, au mois de janvier, les Prussiens étaient entrés de vive force dans Paris et que les Parisiens eussent brûlé leur ville, le monde entier chanterait leur héroïsme, et le monde aurait raison, parce qu'il n'y a rien de plus noble que la grandeur de la passion au service de la grandeur de l'idée. Mais quoi ! ce peuple héros devant l'étranger devait donc être appelé assassin, criminel, misérable, parce qu'il mourait pour la République universelle, parce que, défendant sa religion, sa conscience, son idée, il préférait, dans son enthousiasme farouche, s'ensevelir dans les ruines de Paris plutôt que de l'abandonner à la coalition de despotes mille fois plus cruels et plus durables que l'étranger.

Qu'es-tu donc, ô patriotisme, sinon de défendre ses lois, ses mœurs et son foyer contre d'autres dieux, d'autres lois, d'autres mœurs, qui veulent nous courber sous leur joug? Et Paris républicain, combattant pour la République et les réformes sociales, n'était-il pas aussi ennemi de Versailles, féodal et exploiteur de la misère humaine, qu'il l'était des Prussiens, que les Espagnols et les Russes le furent des soldats de Napoléon Ier?

A une heure du matin, deux officiers pénétrèrent dans la chambre où se tenait Delescluze et lui apprirent l'exécution des otages. Il écouta sans cesser d'écrire le récit qui lui fut fait d'une voix saccadée et avec un geste terrible, pâlit, mais ne dit rien. Quand les officiers furent partis, Delescluze se retourna vers l'ami qui travaillait à côté de lui, et cachant sa figure dans ses mains: « Quelle guerre! dit-il d'une voix étouffée. Quelle guerre! »

Puis, il se promena avec agitation et tout à coup, comme dominant ses pensées, il s'écria brusquement : « Nous aussi, nous saurons mourir! »

Pendant toute la nuit des dépêches se succédèrent sans relâche, toutes réclamant des canons et des hommes, sous menace d'abandonner telle ou telle position.

CHAPITRE V

Le jeudi 25.

Funérailles de Dombrowski. - Prise de l'Hôtel de ville. Prise de la butte aux Cailles. — Évacuation des forts du Sud. — Mort de Millière (2). — La barricade du faubourg Saint-Denis. — L'héroïsme à la barricade. - M. Félix Pyat ne se bat pas. - - Vermorel. — Leo Frankel. — Madame X. - - Mort de Delescluze. — Son rôle. — Le combat à la place de la Bastille. — Les canonnières. - Panique dans Paris. — Les brassards tricolores. - Férocité des soldats envers les blessés. — Lignes occupées par les troupes à la fin de la journée. — Évacuation de la mairie du XIe.

Le jeudi matin, le corps de Dombrowski fut porté au Père-Lachaise, escorté par Vermorel, membre de la Commune, le colonel Dombrowski, frère du général, quelques officiers et un piquet d'honneur. Le général était exposé sur un brancard incliné, revêtu de son uniforme. Un cercueil était préparé ; on y déposa le cadavre, enveloppé dans un drapeau rouge. Les artilleurs, les marins, les cavaliers, tous ceux qui étaient de garde au Père-Lachaise s'approchèrent, et dirent au général un dernier adieu. Puis la bière fut vissée. On la porta à bras jusqu'à un caveau vide, où on la déposa, après que le frère de Dombrowski eut écrit quelques mots sur le couvercle. Vermorel prit la parole et raconta brièvement la vie de celui qui, bien qu'étranger, embrassa chaleureusement la cause de la Commune. La scène était grandiose, les canons des batteries voisines, le pétillement de la fusillade couvraient par instants la voix de l'orateur ; tous les assistants étaient sous une impression indescriptible, et leurs visages abattus témoignaient qu'ils ne se faisaient plus illusion sur l'issue du combat (1).

A six heures, il y eut à la mairie du XIe arrondissement une réunion d'officiers supérieurs où l'on adopta certaines mesures relatives à la défense. Il fut particulièrement décidé que l'on continuerait à fortifier solidement toutes les

(1) *Tricolore*, journal monarchiste, du 31 mai.

voies de l'arrondissement qui aboutissent au Château-d'Eau.

Depuis six heures du matin, les Versaillais avaient poussé en avant dans toutes les directions. Au centre, ils tournèrent l'Hôtel de ville, abordé de front mais imprenable par la rue de Rivoli. Une colonne, venant du boulevard Saint-Martin, gagna, par la place des Vosges, la rue Saint-Antoine et déboucha sur les derrières de l'Hôtel de ville, dont elle resta maîtresse. Puis, les troupes de Vinoy remontèrent par la rue Saint-Antoine et les quais, afin de prendre en flanc la Bastille, pendant que, débouchant des ponts d'Austerlitz, de Bercy, de Napoléon III, les brigades de Cissey l'envahissaient sur ses derrières par tout le XIIe arrondissement.

L'incapable Cissey, arrêté la veille et toute la nuit par une poignée d'hommes à la butte aux Cailles, avait reçu des renforts considérables dans la matinée. C'était le sort des fédérés d'être écrasés par le nombre. Seule, une direction d'ensemble aurait pu, en répartissant habilement les forces, suppléer peut-être à leur infériorité numérique. Nous avons vu qu'elle manquait entièrement. Partout, les fédérés durent vaincre ou mourir, sans aucun espoir d'être secourus ou renforcés. Pendant qu'ils s'épuisaient, leurs ennemis se renouvelaient sans cesse. Ainsi, battue par une artillerie formidable, attaquée par deux brigades entières, la Butte aux Cailles dut céder dans l'après-midi du 25, après trente-six heures de résistance acharnée.

Les barricades avoisinantes furent entraînées dans la chute de la position centrale, sans que les fédérés eussent le temps de se replier. Surpris, ils firent bonne contenance. Rue des Cordillières-Saint-Marcel, vingt d'entre eux, cernés, refusèrent de se rendre. — Ils furent aussitôt massacrés.

Dès le matin, les garnisons de Bicêtre et d'Ivry avaient quitté les forts pour éviter d'être coupées, et s'étaient repliées sur les Gobelins. Il n'y eut donc pas d'assaut comme l'ont écrit les Versaillais, toujours désireux d'attribuer à leurs soldats les gloires les plus invraisemblables, et la cavalerie du général Du Barrail entra paisiblement dans les forts inoccupés. Le commandant du fort d'Ivry avait fait sauter la grande poudrière avant de l'abandonner. Le journal *La Liberté* raconte que ce fut un régiment de dragons qui, mettant pied à terre, donna l'assaut et prit le fort « le bancal à la main » (*sic*). M. Thiers aurait bien dû recommander quelques semaines plus tôt cette prodigieuse manœuvre.

Maîtresses de la Butte aux Cailles, les troupes tenaient toute la rive gauche. Elles redescendirent à droite vers le pont d'Austerlitz, pendant que l'aile gauche occupait, après de nombreux combats, les ponts depuis les Saints-Pères jusqu'à Notre-Dame.

On dit que Millière fut pris dans cette journée, aux environs du Luxembourg, et M. Thiers l'annonça dans un de ses bulletins. Voici la version donnée par tous les journaux :

Quand on le prit, il déchargea son revolver sur les soldats. Conduit devant le général de Cissey, il répondit avec fermeté. L'ordre fut donné de le fusiller sur les marches du Panthéon, parce qu'il manifesta, dit-on, dans son interrogatoire, le regret de ne pas avoir eu le temps de le faire sauter; ou bien, d'après d'autres récits, parce qu'il avait fait fusiller là, précisément l'avant-veille, trente gardes nationaux qui avaient refusé de marcher contre l'armée.

Le peloton d'exécution était commandé par un chef de bataillon, assisté de plusieurs autres officiers.

Une fois sous le péristyle, Millière se tint debout, nu-tête, regardant la foule. Il découvrit sa poitrine et, avec un geste très-ferme, cria : Vive la République! vive l'humanité! vive...

Il n'eut pas le temps d'achever. Il tomba foudroyé sur le côté gauche. Un officier s'avança et déchargea son revolver sur le cadavre à bout portant. Puis un sergent lui envoya une balle dans la tête : son crâne éclata en morceaux.

Depuis on a prétendu que ce personnage n'était pas Millière, qui aurait pu gagner l'Angleterre et de là l'Amérique. Le récit que nous venons de reproduire peut, en effet, prêter au doute. Millière, qui n'était ni membre de la Commune, ni officier de la garde nationale, n'avait aucune autorité pour ordonner une exécution de gardes nationaux. En outre, l'intention qu'on lui prête d'avoir voulu faire sauter le Panthéon n'était ni dans son tempérament, ni dans son caractère. Cependant on ne peut douter qu'une exécution importante n'ait eu lieu au Panthéon avec un caractère particulier de férocité.

Les généraux Clinchant et Douay faisaient converger, comme nous l'avons dit, leurs colonnes vers le Château-d'Eau. Dans la rue du Faubourg-Saint-Denis, à la hauteur de la prison Saint-Lazare, la troupe enveloppa une barricade et dix-neuf fédérés furent cernés. Sommés plusieurs fois de se rendre, ils répondirent par le cri de : Vive la Commune ! On les prit, on les colla contre le mur de la prison et, devant les fusils, on vit ces hommes, levant leurs bras droits dans un saint enthousiasme, tomber en même temps au cri de : Vive la Commune ! L'un d'eux serrait contre lui le drapeau rouge de la barricade et il mourut enveloppé dans ses plis. Devant tant d'héroïsme, l'officier versaillais sentit quelque chose d'humain vibrer en lui. Il se tourna vers les assistants, accourus des maisons voisines, et à plusieurs reprises il dit, comme se justifiant : « Ils l'ont voulu ! ils l'ont voulu ! — Pourquoi ne se rendaient-ils pas ! » Comme si les prisonniers n'étaient pas régulièrement massacrés sans merci.

La place du Château-d'Eau, de laquelle on rayonne sur sept larges avenues et que l'occupation de la caserne des Magasins-Réunis et de quelques maisons d'angle rend imprenable, n'avait pas été suffisamment fortifiée, faute de direction supérieure. Cependant la lutte y prit des proportions formidables. Les énormes pièces de fer de la fontaine furent tordues ou renversées ; les maisons s'entr'ouvrirent ; des blocs de pierre volèrent en éclat ; les arbres furent hachés, les jardins labourés. Dans cette place immense et déserte, la main invisible de la mort s'abattit sur chaque pavé.

Derrière la barricade de l'entrée du boulevard Voltaire, les gardes nationaux recevaient vaillamment l'avalanche des obus et des balles, du boulevard Magenta, du boulevard Saint-Martin, de la rue Turbigo. Que de gens sont appelés héros, qui n'ont jamais montré la centième partie de ce courage ignoré, sans témoin, qui surgit pendant ces journées en mille endroits de Paris! Car toutes les valeurs de convention disparaissent à la barricade; là chacun ne pèse que ce qu'il vaut. L'homme énergique, prévoyant, de sang-froid, celui-là devient le chef, quel que soit son grade, et les combattants savent bien vite se grouper autour de lui. Là le courage est tout individuel: il n'est pas fiévreux, soutenu par le contact comme dans les batailles où l'on s'élance en masse; à dix on se défend contre mille. Beaucoup des barricades de Mai eurent des épisodes merveilleux. A celle du Château-d'Eau, une jeune fille de dix-neuf ans, habillée en fusilier marin, rose et charmante, avec ses cheveux noirs bouclés, se battit avec acharnement pendant toute une journée. A plusieurs reprises, elle revint à l'église Saint-Ambroise, chercher de nouvelles munitions.

On vit dans ce jour, à la mairie de la place Voltaire, tous les hommes de cœur qui n'avaient pas péri, ou dont la présence n'était pas indispensable dans d'autres quartiers. M. Félix Pyat n'y parut pas, non plus qu'à Ménilmontant, non plus que sur aucun des points où tant d'hommes, dont il avait perdu la cause, donnaient courageusement leur vie. Lui, le grotesque plagiaire de 93, qui, en 1871, votait pour un Comité de salut public : « Attendu que ce mot est absolument de la même époque que les mots de République française et de Commune de Paris » — il ne sut emprunter aux héros de cette époque ni leur courage, ni leur mépris de la mort. Vermorel, dont la conduite avait donné lieu sous l'Empire à tant de préventions, montra pendant toute la lutte un courage plein de sang-froid. A cheval, ceint d'une écharpe rouge, pour être mieux reconnu, il parcourait les barricades, invulnérable, encourageant les hommes. On l'avait vu la veille avec Cournet au milieu de la Place du Château-d'Eau, à peine abrités tous deux par la fontaine contre les projectiles, et, ce jour même, jeudi, il se tint pendant plus de deux heures à la barricade de l'entrée du boulevard.

Vers trois heures de l'après-midi, le membre de la Commune, Frankel, arriva à la mairie du XIe, le bras en écharpe et ensanglanté. Ce jeune homme, un des membres les plus intelligents de la Commune, avait été blessé aux barricades de la Bastille. Madame X l'accompagnait. Grande, les cheveux d'or, admirablement belle, souriante, elle soutenait le blessé, dont le sang coulait sur sa robe élégante. Plusieurs jours durant, elle se prodigua aux barricades, soignant les blessés, trouvant des forces incroyables dans son cœur généreux.

Il était sept heures moins un quart environ, quand, près de la mairie, nous aperçûmes sur la chaussée une centaine de gardes, marchant dans la direction du Château-d'Eau ; puis, sur le trottoir, Delescluze accompagné du membre de la Commune, Jourde, et se dirigeant du même côté. Delescluze, dans son vêtement ordinaire, chapeau, redingote et pantalon noirs, écharpe rouge autour de la ceinture, sur le gilet, peu apparente, comme il la portait habituellement, sans armes, s'appuyant sur une canne. Étonnés et redoutant quelque accident, du côté du Château-d'Eau, nous redescendîmes à la hâte, pour suivre le délégué. Quelques-uns de nous allèrent chercher des munitions à l'église Saint-Ambroise; puis nous rencontrâmes un de nos amis, riche négociant d'Alsace, venu depuis cinq jours à Paris, et qui, ayant toute la journée fait le coup de feu à la barricade, s'en retournait le bras traversé; plus loin, Vermorel, que ses collègues Theisz et Avrial emportaient presque mort sur une civière, laissant derrière lui de grosses gouttes de sang. Nous perdîmes ainsi un peu de temps, et nous dûmes courir pour nous rapprocher de Delescluze. A cinquante mètres environ de la barricade, les gardes qui l'accompagnaient s'effacèrent précipitamment, car les balles et les obus pleuvaient à l'entrée du boulevard.

Delescluze, lui, continua de marcher. La scène est là, gravée à tout jamais dans notre mémoire. Le soleil se couchait. Delescluze, sans regarder s'il était suivi, s'avançait du même pas. Nous le voyions distinctement à cent mètres, le seul être humain sur le boulevard. Arrivé à la barricade, il obliqua à gauche et gravit les pavés. Pour la dernière fois, sa face austère, encadrée dans sa barbe blanche, nous apparut tournée vers la mort. Tout à coup il disparut; il venait de tomber comme foudroyé sur la place du Château-d'Eau.

On courut pour le relever, mais trois hommes sur quatre tombèrent raide morts. Comme il fallait avant tout maintenir la barricade, on dut s'occuper de rallier les fédérés sous cette averse. Le membre de la Commune Johannard, presqu'au milieu de la chaussée, élevant son fusil et pleurant de rage, criait dans sa douleur : « Non, non, vous n'êtes pas dignes de défendre la Commune! » Jourde s'emporta violemment contre un officier très-galonné qui déclarait la position intenable et le disait tout haut à ses hommes. Il était presque nuit ; nous revînmes navrés, laissant, abandonné aux outrages d'un adversaire sans respect de la mort, le corps de notre pauvre ami.

Il n'avait prévenu personne, même ses plus intimes. Silencieux, n'ayant pour confident que sa conscience sévère, Delescluze marcha vers la barricade comme les derniers montagnards allèrent à l'échafaud. La longue journée de sa vie avait épuisé ses forces; il ne lui restait plus qu'un souffle, il le donna (1). Les Versaillais ont dérobé

(1) L'année dernière, au mois d'août, à Bruxelles, où l'exil nous avait réunis, il prononça un jour ces paroles prophétiques : « Oui, je crois la République prochaine, mais elle tombera entre les mains de la

corps. Mais sa mémoire restera, ensevelie dans le cœur du peuple, tant que la France sera la terre sainte de la Révolution. Il ne respira que pour la Justice. Ce fut son talent, sa science, l'étoile polaire de sa vie. Il l'appela, il la confessa trente ans à travers l'exil, les prisons, tête haute, inflexible, dédaigneux des persécutions qui brisaient ses os. A la dernière heure, il lui sacrifia jusqu'à ses vieilles idées jacobines. Ce fut sa récompense de mourir pour elle les mains libres, au soleil, à son heure, sans être affligé par la vue du bourreau.

Que l'on compare la mort héroique du ministre de la guerre de la Commune à la lâcheté des généraux français, fuyards, ou capitulant devant les Prussiens !

Les Versaillais s'acharnèrent toute la soirée sur la barricade du boulevard Voltaire et l'auraient certainement emportée, si l'incendie qui dévorait les deux maisons d'angle ne les eût arrêtés pendant toute la nuit.

Tout le jour, la bataille avait continué, acharnée à la Bastille, de front dans la direc-

gauche actuelle : puis une réaction s'ensuivra, et une restauration monarchique quelconque. *Moi, je mourrai sur une barricade pendant que M. Jules Simon sera ministre.* »

tion du faubourg Saint-Antoine, et sur le flanc du côté des quais. Depuis le milieu du jour, les flammes s'élevaient du grenier d'abondance qui longe le boulevard Bourdon. Le souvenir des anciennes luttes livrées sur cette place exaltait l'énergie des combattants. Là, on voit encastré dans un mur un biscaïen lancé en 89 par la forteresse. Plus loin, une maison célèbre dans l'histoire des barricades, bombardée en juin 48, devait avoir le même sort vingt-deux ans plus tard. Si le faubourg Saint-Antoine n'est plus le cerveau du parti, il est toujours un de ses champs de bataille, surtout depuis l'ouverture des grandes voies.

Dans la journée, des canonnières versaillaises remontèrent la Seine. Arrivées à l'entrée du canal Saint-Martin, elles furent accueillies par un feu d'une telle intensité, qu'en un instant elles eurent plusieurs hommes de tués. Mais, franchissant à toute vapeur le pont d'Austerlitz, elles vinrent se poster juste en face des barricades de l'avenue Lacuée et du boulevard Mazas. Quelques coups de canon bien pointés jetèrent bas ces travaux et les lignards, abrités par les berges du canal, purent s'élancer à l'attaque. Continuant leur course, les canonnières parvinrent jusqu'au quai de Bercy, en semant d'obus. les barricades du faubourg. Le flanc de la Bastille et de la place du Trône se trouvait ainsi entamé.

L'aspect de la partie de Paris aux mains de l'armée était encore plus sinistre que les jours précédents. Toutes les maisons étaient hermétiquement fermées. Le bruit avait couru que des femmes jetaient du pétrole jusque dans les caves des maisons, pour y propager l'encendie et rendre l'embrasement général. Chacun alors de boucher les soupiraux des caves, les moindres fissures des boutiques. Seules, la peur et la mort couraient les rues. La colère, le désespoir aveuglaient la raison, étouffaient tout sentiment humain. Un des journaux de la bourgeoisie conservatrice, *le Siècle*, s'exprimait ainsi le 26 au matin :

« L'horrible spectacle des cadavres sanglants et des habitations en flammes provoque à cette heure, dans les esprits les plus fermes et les plus bienveillants, une sorte de folie furieuse. On ne se possède plus, on voit trouble. On ne distingue plus le juste de l'injuste, l'innocent du coupable. La suspicion est dans tous les yeux. Les dénonciations abondent. On découvre partout la main de l'incendiaire. Les arrestations arbitraires se multiplient d'heure en heure. La vie des citoyens ne pèse pas plus qu'un cheveu dans la balance populaire. Pour un oui, pour un non, arrêté, fusillé! »

On vit alors apparaitre en costume correct, avec des brassards tricolores et des allures féroces, ces gardes nationaux du parti de l'ordre, qui, pendant le danger, cachés et courbant la tête, se bornaient à faire des vœux pour l'entrée des Versaillais. On les vit disputer aux soldats l'honneur des exécutions. Le jeudi, ceux du Ier arrondissement crurent reconnaitre rue de la Paix, le commandant Brunel, caché chez une dame, et ils le fusillèrent dans l'appartement même, ainsi que celle qui lui avait donné asile. Les scellés furent ensuite apposés sur la porte, et la malheureuse, qui vivait encore, agonisa pendant plusieurs heures à côté du cadavre du prétendu Brunel (1).

Quant aux soldats, tout blessé à terre était immédiatement achevé, et ils regardaient quiconque leur donnait des soins comme méritant le même sort. Le même jour, 25 mai, le docteur Faneau étant de garde au grand séminaire de

(1) Trois mois plus tard, la cour martiale de Versailles condamna Brunel à mort, par contumace. Et en effet, il avait pu gagner l'étranger.

Saint-Sulpice, où les fédérés avaient établi une ambulance, une compagnie de ligne vint frapper à la porte, où flottait le drapeau de Genève. L'officier qui commandait dit au docteur Faneau, venu au devant de lui :

— Y a-t-il ici des fédérés ?

— Oui, dit le docteur, mais ce sont des blessés que j'ai depuis longtemps.

Aussitôt l'officier se rua sur le docteur.

— Vous êtes l'ami de ces coquins, lui cria-t-il, vous allez être fusillé.

Depuis, cet officier a prétendu qu'un coup de feu avait été tiré du premier étage ; comme si, sans armes, sans aucun espoir de s'échapper, des blessés auraient pu commettre une telle folie.

Le docteur Faneau, qui était connu pour son hostilité à la Commune, comprit cependant que, devant cette fureur ivre, toute explication était impossible. Adossé contre un mur, il fut immédiatement fusillé.

Ce jour-là, M. Thiers vint à Paris, féliciter le maréchal Mac-Mahon des succès et de la noble conduite de ses soldats.

Le soir du 2, les troupes occupaient une ligne qui, partant de la place de la Chapelle, passant par la place du Château-d'Eau et la

Bastille, aboutissait au-dessus du pont d'Austerlitz. Deux arrondissements intacts, les XIXe et XXe, et la moitié environ des XIe et XIIe restaient seuls au pouvoir des fédérés. Ce n'était plus qu'une question d'heures.

La mort de Delescluze fut peu connue pendant toute la soirée, même à la mairie, où le désordre était grand. L'acte avait été si simple et si rapide, qu'il était à peu près passé inaperçu.

Le soir, les membres de la Commune présents à la mairie, une vingtaine environ, convinrent de transporter les services dans le XXe arrondissement. Cependant, le délégué à la sûreté resta toute la nuit sur son siége; plusieurs personnes, traduites devant lui sous divers prétextes, lui durent la vie. Tout individu non revêtu d'un uniforme donnait lieu à ce moment aux plus sinistres soupçons. Le membre de la Commune Longuet, un des mieux doués de cette minorité qui comprenait une vingtaine d'hommes fort remarquables, faillit payer de sa vie l'oubli de son écharpe : il fut heureusement reconnu par un chef de bataillon. D'autres membres de la Commune, en costume civil, auraient souvent couru les mêmes dangers, sans l'intervention de leurs collègues, munis d'insignes.

Jusqu'au matin, des fourgons s'acheminèrent vers la mairie du XXe. On ne put cependant évacuer toutes les munitions que l'église Saint-Ambroise contenait.

CHAPITRE VI

Vendredi 26 — Samedi 27 — Dimanche 28.

Gambon. — Les lois de la guerre et M. Thiers. — Prise de la place de la Bastille. — Le XXe arrondissement. — Occupation du faubourg Saint-Antoine. — Trait d'héroïsme. — Les Prussiens cernent Paris. — Entente de M. Thiers avec eux. — Ils investissent le fort de Vincennes. — État des esprits dans le XXe arrondissement. — Exécution de cinquante otages. — Cinquante-six otages et vingt mille fédérés. — Les soldats à la Villette. — Nuit du samedi. — Occupation de la Place du Trône. — L'artillerie versaillaise. — La barricade du faubourg du Temple. — Prise des buttes Chaumont et du Père-Lachaise. — La barricade des boulevards Voltaire et Richard-Lenoir. — Dernières heures de la lutte. — Belleville. — Sortie par la porte de Romainville. — Les carrières d'Amérique. — Suicide du garde général de Vincennes Merlet. — Le colonel Faltot. — Occupation du fort de Vincennes par les troupes. — Mort courageuse du colonel Delorme.

Pendant la nuit du jeudi au vendredi, on vint prévenir la Guerre que la barricade du Château-d'Eau allait être abandonnée, si quelque membre de la Commune ne venait relever le courage des combattants. Le seul membre de la Commune présent était Gambon, qui reposait exténué dans un coin. Un officier le réveilla et comme il s'excusait, le vieux républicain lui dit simplement : « *Autant vaut que ce soit moi qu'un jeune. Moi, j'ai vécu.* » Il partit. Mais les balles balayaient le boulevard Voltaire jusqu'à l'église Saint-Ambroise, et les fédérés furent obligés, dès les premières heures, d'abandonner la position.

Dans cette même nuit, le commandant des chasseurs à pied Segoyer, s'étant trop avancé du côté de la Bastille, fut enlevé et fusillé « *sans respect des lois de la guerre,* » a dit M. Thiers, comme si depuis trois jours qu'il faisait fusiller sans pitié tous les prisonniers, femmes et enfants, M. Thiers observait dans la guerre d'autre loi que celle des sauvages. On peut dire hautement, à la gloire des fédérés, que ce fut là leur seule exécution militaire. Pendant les six semaines du siége, ils ne mirent à mort aucun des Versaillais faits prisonniers dans les combats. Pendant qu'on éventrait leurs cantinières sur les champs de bataille et qu'on fusillait leurs médecins, porteurs de la croix de Genève, les fédérés relevèrent et soignèrent indistinctement les blessés de Vinoy et de Gallifet. Qui demanda que les malheureux bombardés d'Issy et de Neuilly pussent chercher un refuge dans Paris? — La Commune. — Qui refusa pendant de longs jours? — M. Thiers. — Qui commit cette violation monstrueuse *des lois de la guerre,* le bombardemont de Paris sans sommation? Qui usa le premier des bombes à pétrole et incendia le quartier des Ternes? Qui fit tirer sur les franc-maçons quand, désarmés, ils plantèrent leur bannière sur les remparts? — M. Thiers, qui osait s'indigner de l'exécution d'un seul prisonnier. Mais c'est par ce mélange de mensonge et d'astucieuse bonhomie qu'il est devenu l'idole de la bourgeoisie française.

A six heures du matin, les Versaillais attaquèrent la barricade située à l'intersection des boulevards Voltaire et Richard-Lenoir; elle tint deux jours. A la Bastille, le mouvement de flanc achevait d'envelopper le faubourg. On se battait au chemin de fer du Nord, avenue Lacuée, au boulevard Mazas. Il pleuvait; la fusillade avait perdu sa voix brève et ressemblait à un roulement sourd. La fumée enveloppait la colonne et la place. A sept heures, dans la rue Saint-Antoine, on annonça l'approche des Versaillais par la rue de Reuilly. Un détachement avec du canon se porta précipitamment de ce côté. Mais les gardes étaient épuisés, n'ayant pas dormi depuis trois jours. Devant le nombre des Versaillais, l'importance des positions qu'ils occupaient, la résistance devenait complétement impossible, et les dernières barricades de la Bastille, prises à revers, succombèrent dans la journée.

Les débris des bataillons de tous les quartiers se réfugièrent dans le XXe arrondissement pendant la journée du vendredi. Ils arrivaient par groupes de trente à quarante hommes, accompagnés de leurs officiers. Bientôt la mairie de Ménilmontant devint, comme l'Hôtel de ville, comme la mairie du XIe, le centre actif du mouvement. Le quartier général fut transporté rue Haxo ; mais la mairie distribuait les logements, les uniformes, les bons de vivres, et ce fut pendant deux jours un va-et-vient perpétuel et confus. Près de l'église, les fourgons et les chevaux campaient bruyamment sur la place.

Les barricades étaient nombreuses dans les rues inextricables de Ménilmontant, mais, comme d'habitude, les plus importantes, qui se rapprochaient des boulevards, n'étaient nullement protégées par derrière. Beaucoup aussi étaient armées de canons qui, dans l'espace étroit où ils se mouvaient, ne pouvaient rendre aucun service. On fit de vaines démarches pour centraliser ces pièces sur un point culminant, mais les défenseurs des barricades refusaient obstinément de s'en séparer et aucun pouvoir n'aurait pu les y contraindre. Du reste, un tel désordre régnait à l'état-major, qu'on ne savait trop de quel côté viendrait l'attaque, et l'on n'apprenait la marche de l'armée que par l'arrivée des débris des bataillons. Quelques membres de la Commune visitaient les barricades; mais leurs exhortations étaient superflues; les plus braves et les plus résolus étaient seuls venus chercher un asile dans le XXe arrondissement.

L'attaque se rapprochait : Vinoy et Ladmirault, tendant l'un vers le Père-Lachaise, l'autre vers les buttes Chaumont. Les barricades de la place du Trône arrêtèrent Vinoy toute la journée et jusqu'au matin du samedi, mais il occupait pendant ce temps le faubourg Saint-Antoine. La résistance aux abords de la Bastille fut héroïque. On compta plus de cent cadavres sur la seule barricade de la rue de Charenton. Rue Sainte-Marguerite, les fédérés, attaqués des deux côtés de la rue et retranchés dans les maisons, se firent tuer jusqu'au dernier. Rue Crozatier, les Versaillais s'emparèrent d'un artilleur de l'armée qui, le 18 mars, était passé à la Commune. « Qu'on le fusille, qu'on le fusille! » criait-on. Lui, calme, regardant les soldats, il haussa les épaules et prononça ce mot admirable : « On ne meurt qu'une fois. » Plus loin, un vieillard se débattit énergiquement. Les soldats, par un raffinement de cruauté, voulaient le fusiller sur un tas d'ordures. — « Je suis, criait-il, un républicain, je me suis battu bravement, j'ai le droit de ne pas mourir dans la merde. »

De son côté, Ladmirault enveloppait la Villette, s'efforçant de tourner, par les rues Lafayette, d'Aubervilliers et les boulevards extérieurs, les barricades de la Rotonde, clef de la résistance de ces quartiers.

Ainsi, le cercle se rétrécissait constamment et régulièrement, refoulant de plus en plus les fédérés contre les remparts. Du haut des fortifications, ils pouvaient voir les Prussiens seconder les efforts de l'armée versaillaise. Déjà, dans la nuit du dimanche au lundi, la ligne du chemin de fer du Nord avait été coupée par l'autorité prussienne. Une dépêche, envoyée de Saint-Denis à M. Thiers, lui annonçait l'exécution de cette mesure, l'avertissant qu'on ne négligerait aucun moyen de capturer les fédérés qui tenteraient de se refugier sur le territoire occupé. Les Prussiens, les fusils en faisceaux, garnissaient en même temps toute la ligne du canal du côté de Saint-Denis. Dès le 22, des sentinelles furent posées de Saint-Denis à Charenton, et des ordres très-sévères donnés de ne laisser sortir ni entrer personne, sous quelque prétexte que ce fût. Du haut des fortifications, on apercevait leurs barricades, dressées au milieu de la route, armées de plusieurs pièces de canon, la gueule tournée vers Paris.

Le jeudi, à cinq heures du soir, cinq mille Bavarois descendirent de Fontenay, Nogent, Charenton, et formèrent un cordon infranchissable de la Marne à Montreuil. Dans la soirée, un autre corps de cinq mille hommes entra à Vincennes, amenant avec lui plus de cent pièces d'artillerie, qui furent parquées dans la cour des Omnibus. A neuf heures, ils investirent le fort. Quelques fédérés ayant voulu rentrer à Paris, les Bavarois ne les laissèrent passer qu'après les avoir désarmés.

Depuis longtemps déjà, les Prussiens prêtaient un concours actif à l'armée de Versailles. Ainsi, le lundi 15 mai, une colonne de fédérés traversait la Seine à la hauteur de Saint-Ouen ; les Prussiens l'aperçurent, expédièrent immédiatement une estafette à Gennevilliers pour en informer le commandant de la redoute, et celui-ci fit aussitôt prévenir les troupes d'Asnières. A Saint-Denis, l'autorité prussienne prêtait main-forte aux gendarmes français. Les journaux versaillais n'ont pas manqué d'accuser les fédérés d'avoir pactisé avec les Prussiens ; ils n'en ont jamais pu produire la moindre preuve. Mais l'entente des Prussiens avec M. Thiers a été, elle, manifeste au moins pendant les huit jours de la lutte. Elle résultait certainement d'engagements antérieurs, car, du 22 au 28, les Prussiens ne furent pas plus menacés par les fédérés qu'ils ne l'avaient été depuis le 18 mars. En tout cas, aucune nécessité de défense ne les forçait à remettre leurs captures entre les mains des Versaillais. Ainsi, le samedi 27, à neuf heures du soir, un détachement de Bavarois conduisait au fort de Vincennes, qu'il croyait appartenir à l'armée, deux cents fédérés pris aux portes de Belleville. Dès que l'erreur fut reconnue, le commandant bavarois alla remettre ses prisonniers au conseil de guerre, installé dans un poste-caserne près de Montreuil ; — et la nuit on entendit des feux de peloton.

Lors du traité de Francfort, les journaux versaillais parlèrent de certaine clause secrète relative à Paris. Cette clause garantissait à M. Thiers la connivence prussienne. De tous les actes dont le pouvoir de Versailles s'est rendu coupable, un des plus odieux sera certainement d'avoir introduit les vainqueurs de la France dans nos discordes civiles. Pour que Paris, souricière immense, se refermât sur les victimes et devînt leur tombeau, l'histoire dira que M. Thiers a flatté, caressé le Prussien, et qu'il a jeté à ce chien avide encore un lambeau saignant de la France.

Quant à la Commune, la seule démarche consentie par quelques-uns de ses membres présents à Belleville, fut de répondre à une proposition de M. Washburn, ambassadeur des États-Unis. Une lettre à son adresse fut remise le vendredi aux autorités prussiennes, qui promirent de la faire parvenir. Cet incident n'eut pas d'autre suite.

Les obus continuaient à tomber dans le XXe, surtout aux abords de la mairie. Les habitants déménageaient dans les caves ; les fédérés accueillaient les explosions par les cris de *Vive la Commune!* Le voisinage de la lutte, la certitude de la défaite, la concentration et le mouvement de tant de bataillons divers, surexcitaient tous les esprits. L'émotion arriva bientôt à sa période aiguë; les regards devinrent soupçonneux et pleins de colère. Un employé des finances fut arrêté à cause de son costume civil. On trouva sur lui une liasse de billets de banque, sauvés à force de courage, et qu'il rapportait rue Haxo, où la délégation des finances siégeait. Il allait être fusillé comme voleur ou espion, quand un chef de service le reconnut et lui sauva la vie. Toute discipline avait absolument disparu. On agitait des projets fantastiques, comme d'aller reprendre Montmartre, ou de se ruer en colonne serrée, composée de tous les bataillons, au centre de Paris, et de l'occuper de nouveau. Les gardes, venus de différents côtés, se racontaient les épisodes de leurs barricades. On sut bientôt que les exécutions avaient lieu non-seulement sur le champ de bataille, mais encore dans les maisons, et quelles étaient également sommaires; que tout individu, pris avec son habit de garde national et dont le fusil n'avait pas la fraîcheur voulue, était certain de son affaire: son voyage n'était guère plus loin que de sa chambre à la cour de sa maison; qu'au coin de la rue Saint-Dominique et de la rue Bellechâsse, on en avait fusillé six, dont le père et le fils, qui avaient offert de se rendre; que sur la place de la Bourse, on avait fusillé tous les prisonniers : ceux qui résistaient étaient attachés à la grille ; que des milliers d'hommes, de femmes et de vieillards étaient conduits à Versailles, par troupeau, tête nue, et qu'au moindre signe d'opposition, ils étaient massacrés à coups de revolver. Les femmes racontaient les exécutions sans nombre des prétendues pétroleuses ; qu'il suffisait d'appartenir à un combattant ou de lui donner asile, pour partager son sort. Un épisode horrible avait eu lieu rue Turbigo. Une femme s'était jetée entre son mari et les soldats qui le poursuivaient, élevant entre ses bras son enfant à la mamelle. Vingt coups de baïonnette clouèrent l'enfant sur le sein de sa mère. Le mari, qui, fou de rage, s'était rué sur les soldats et en avait blessé deux, fut assommé à coups de crosse et son corps littéralement dépecé.

Vers cinq heures, nous rencontrâmes, descendant la rue des Amandiers, un détachement dont le chef disait à haute voix : „ Je vais à la Roquette. „ Nous crûmes à quelque engagement de ce côté, ce qui nous surprit, car nous venions de la rue Sedaine, et la place du Trône appartenait encore aux fédérés. Vers sept heures, étant en face du quartier général, établi au 95 de la rue Haxo, dans une propriété particulière, composée de jardins et de cours, appelée la cité Vincennes, nous entendîmes un grand bruit. Nous vîmes bientôt déboucher une foule énorme, houleuse, autour d'un détachement qui conduisait une cinquantaine de prisonniers. Trente-six d'entre eux étaient des gardes de Paris, des sergents de ville, détenus comme otages et convaincus, dans des débats publics, d'avoir, le 18 mars, tiré sur le peuple. Quatorze étaient des ecclésiastiques détenus sans jugement. Escorté de malédictions, le cortége entra, et les grilles se refermèrent. La foule se répandit dans un terrain vague situé à gauche et d'où à travers une ouverture pratiquée dans le mur de la cité on apercevait le jardin intérieur.

Le membre de la Commune X se trouvait au quartier général, quand, à son grand étonnement, — car personne de la Commune n'avait donné un pareil ordre,—il vit amener les prisonniers. On les poussait tumultueusement contre une sorte de tranchée, située au pied d'un mur parallèle à la rue Haxo. X s'avança précipitamment. « Que faites-vous? cria-t-il aux gardes; il y a derrière ce mur une poudrière; vous allez nous faire sauter! „ — Il espérait ainsi retarder l'exécution.—D'ailleurs, la cour était encombrée de voitures et d'omnibus remplis de cartouches et de poudre. Quelques hommes s'arrêtèrent; mais X ayant ajouté : " Et puis, quand vous aurez fusillé tous ces gens-là ! „ Un garde menaçant, lui dit : " Si tu n'es pas content, nous allons te régler ton affaire, à toi aussi ! „

Les détonations retentirent. Séparés à peine par une mince cloison, nous entendîmes pendant huit mortelles minutes, les feux de peloton et les coups isolés. Par intervalle, le feu cessait quelques secondes, puis reprenait; on avait rechargé les armes. Pâles, accoudés autour d'une table, les mains aux oreilles, essayant d'étouffer le son, les yeux fermés, nous dûmes tout subir. A la fin, des applaudissements se firent entendre au dehors; il nous brisèrent le cœur plus encore que la fusillade.

Combien de nous auraient joyeusement donné leur vie pour épargner cette souillure à la défense. — Nous crûmes avoir épuisé l'horreur. Mais le dimanche, nous devions voir à l'œuvre les Versaillais.

En ce moment, les soldats entraient à la Villette, ayant tourné la grande barricade de la Rotonde. Dans l'usine à gaz, ils tuèrent neuf employés, et sans l'intervention du directeur, ils auraient massacré tous ceux de l'établissement. Les troupes furent longtemps arrêtées par le bâtiment de la Douane, et le soir l'incendie des Docks les força à demeurer sur leurs positions.

A la fin de la journée du 26, l'armée versaillaise enfermait la résistance entre les fortifications et une ligne qui, de la place de la Villette, aboutit à la Bastille en passant par le Château-d'Eau; Ladmirault et Vinoy aux deux extrémités, Douay et Clinchant au centre. Le XXe arrondissement seul restait intact aux mains des fédérés.

La nuit du samedi fut sombre et fiévreuse dans tout Ménilmontant et Belleville, fouillés par les obus. Les Versaillais, qui reprochent aux fédérés d'avoir, du Père-Lachaise et des buttes Chaumont, soutenu leurs barricades, bombardèrent Ménilmontant deux jours avant de l'attaquer. On veillait soigneusement. Au détour de chaque rue, les sentinelles exigeaient le mot d'ordre et souvent il ne suffisait pas. Il fallait pour circuler justifier d'une mission, et chaque chef de poste ou de barricade se croyait le droit d'en discuter l'utilité et de livrer ou de refuser le passage. Les débris des bataillons continuèrent d'arriver jusqu'au matin; mais les maisons étaient pleines; beaucoup durent camper devant la mairie, illuminée par l'incendie de la Villette. Il se fit cette nuit un grand commerce de bottes de foin et de paille que ces voleurs de fédérés eurent l'indélicatesse de payer comptant et fort cher, comme du reste toutes les denrées, car au milieu de leurs angoisses les commerçants de Belleville ne perdaient pas l'instinct de leurs intérêts. Nous allâmes chercher asile à la mairie. A peine installés, un obus tomba dans la chambre voisine. Nous remontâmes au quartier général à travers les obus, — cinq en moins de quarante mètres. C'était un enthousiasme véritable à chaque explosion. Du reste, pendant cette guerre des rues, nous ne vîmes jamais les assiégés se jeter à terre devant les obus, comme ils le faisaient en rase campagne où le danger était pourtant bien moindre. Nous trouvâmes rue Haxo une pièce vide, complétement dépourvue de meubles, où nous commencions à établir notre campement, lorsque les membres de la Commune X et Varlin entrèrent. Le colonel X, commandant la place, les prévenait qu'il ne répondait plus de la position. Depuis l'exécution des otages, cet officier avait complétement perdu la tête; longtemps il s'était refusé à donner le moindre ordre, et il n'avait cédé qu'à la menace d'être arrêté. Le délégué aux finances Jourde décida que par prudence on évacuerait la caisse et les services financiers. A une heure du matin, ils furent transportés quelques rues plus bas, et pour la troisième fois nous dûmes déménager nos pénates.

Le samedi matin, le ciel était gris et lugubre. Dès les premières heures, la place du Trône fut occupée par Vinoy; il plaça six pièces en batterie dans la direction du boulevard Voltaire. Désormais certains du succès, ces messieurs tenaient à triompher avec fracas. Ils ont beaucoup ri du tir des fédérés et de leurs canonnades inutiles; or, la barricade de la mairie du XIe, contre laquelle ils s'escrimèrent toute la journée du samedi 27, n'avait que deux pièces de canon et cinquante défenseurs au plus, et sur vingt obus versaillais, dix-huit allaient régulièrement s'abattre dans les maisons de droite et de gauche, entièrement vides de fédérés.

A midi, la dernière réunion de membres de la Commune eut lieu au 145 de la rue Haxo. Ils étaient quinze environ. Un d'entre eux, Oudet, était couché sur un matelas, blessé d'une balle à la cuisse. Un membre ayant proposé de demander aux Prussiens le passage à travers les lignes, cette question fut immédiatement écartée par un vote d'ensemble. On décida que chacun se rendrait aux barricades et agirait en vertu de son initiative personnelle.

Dans l'après-midi, on apprit à Belleville la prise des barricades de la rue de Charonne. La fusillade se rapprochait. Un nombre considérable de personnes s'étaient réfugiées à la porte de Romainville. Parmi elles beaucoup de femmes et d'enfants, chassés de leurs maisons par les obus, demandaient à grands cris qu'on leur laissât gagner la campagne. Vers une heure, deux hommes apparurent en dehors des fortifications, agitant un drapeau blanc. C'étaient des francs-maçons qui, revêtus de leurs insignes, avaient pris sur eux d'aller demander aux autorités prussiennes quel accueil on ferait aux fugitifs. Dès que le pont-levis fut abaissé, femmes et enfants se précipitèrent au dehors. Les gardes nationaux des environs crurent à une panique ; le bruit courut que les Versaillais arrivaient par la rue de Paris et les remparts, cernant ainsi toutes les positions. Deux cents hommes environ se ruèrent sur le pont-levis et, en jetant leurs armes, blessèrent à la figure un certain nombre de femmes : plusieurs d'entre elles furent même précipitées dans les fossés. La colonne qui avait ainsi jailli de l'enceinte s'éparpilla dans les premières maisons du village des Lilas. Les Prussiens, accompagnés de gendarmes français, fouillèrent immédiatement ces maisons et arrêtèrent tous ceux qui portaient des uniformes de gardes nationaux. Les femmes et les enfants voulurent pousser plus loin et traverser la barricade prussienne, élevée au milieu du village. Le brigadier de gendarmerie de Romainville s'élança à leur rencontre, furibond, le sabre en main, criant aux Prussiens : « Tirez ! mais tirez donc sur cette canaille ! » Un soldat prussien abattit son fusil et fit feu. Une femme fut blessée. A cette vue, le commandant de la barricade se précipita sur le brigadier, l'écarta violemment et fit arrêter le soldat.

Pendant ce temps, on avait relevé le pont-levis. Vers quatre heures, le colonel X, à cheval, et précédé d'un trompette, osa en son nom propre, aller demander le passage aux troupes prussiennes. Dégradation inutile. L'officier répondit qu'il n'avait pas d'ordres et qu'il en référerait à Saint-Denis.

Dans la soirée, les obus versaillais arrivèrent jusqu'à Bagnolet et blessèrent des soldats prussiens. Leurs officiers ne réclamèrent pas : l'entente avec M. Thiers était complète.

Pendant que le boulevard Voltaire était attaqué en tête et en queue, le général

Douay poussait par le faubourg du Temple. La barricade établie à l'entrée du faubourg et de la rue Fontaine-au-Roi ne pouvait être abordée de face, le canal Saint-Martin et l'occupation des maisons d'angle rendant son approche impossible ; mais les troupes obliquèrent à gauche par la rue Grange-aux-Belles et tombèrent à revers sur les fédérés. Ceux-ci se défendirent quand même. Enveloppés de toutes parts, ils brûlèrent jusqu'à la dernière cartouche et, vaincus, ces hommes que M. Trochu déclarait incapables de tenir devant les Prussiens, se jetèrent héroïquement sur les fusils. Vers cinq heures du soir ils étaient tous tués. M. Thiers a dit que ses soldats avaient accompli des prodiges « bien autrement méritoires de la part de ceux qui attaquent des barricades que de ceux qui les défendent. » On avouera qu'il est assez facile à dix contre un de se montrer *prodigieux*.

Ladmirault continuait sa marche dans la Villette. Les buttes Chaumont, battues depuis trois jours par l'artillerie de Montmartre, et n'ayant pu se ravitailler, furent le samedi réduites au silence faute de munitions. Malgré cette infériorité, les braves Communalistes tinrent bon toute la journée. Mais le combat définitif, la lutte à l'arme blanche eut lieu pendant la nuit, de dix heures à quatre heures du matin. Les fédérés sont six cents, — ils savent qu'il faut mourir. — Quelle rage de part et d'autre! Six heures durant, des *brigades entières* s'élancent à l'assaut de ces buttes escarpées, rejetées, revenant, précipitées, recommençant encore. Durant six heures, le tambour, sombre et voilé, car il pleut à flots, bat la charge sans s'interrompre et mêle son appel sinistre au clapotement de la fusillade. Dans certains coins on lutte de si près que les fusils servent de massue. Ah! malheur à ceux qui ont fait battre dans les tenèbres ces deux camps de prolétaires. Le jour se lève sur six cents cadavres de fédérés. Mais le vaincu, c'est surtout toi, soldat!

Nuit de déroute. Le général Vinoy enlevait en même temps le Père-Lachaise et la mairie du XXe arrondissement. Au Père-Lachaise, plusieurs régiments abordèrent l'enceinte de trois côtés à la fois. Les fédérés commencèrent par enclouer leurs pièces devenues inutiles. Il y eut ensuite une lutte horrible. Abrités derrière les tombes, les Communalistes disputèrent pouce par pouce le terrain. On se prit corps à corps; les hommes roulèrent ensemble dans les fosses;

il y eut dans les caveaux des combats à l'arme blanche. Puis tout se tut.

A la faveur de la pluie, les troupes descendirent dans la rue du Chemin-Vert, sur les derrières de la barricade située à l'intersection des boulevards Voltaire et Richard-Lenoir. Le correspondant d'un journal anglais a raconté deux épisodes qui se rattachent à la prise de cette barricade :

« Je vis fusiller environ 60 hommes à la même place et en même temps que des femmes. Un petit incident touchant, qui m'accabla complétement, frappa mes regards. Tandis que Paris brûlait au milieu de la nuit, que le canon grondait et que la mousqueterie pétillait, une pauvre femme se débattait dans une charrette et sanglotait amèrement. Je lui offris un verre de vin et un morceau de pain. Elle refusa en disant : « Pour le peu de temps que j'ai à vivre, cela n'en vaut pas la peine. »

» Une grande rumeur suivit de notre côté de la barricade, et je vis la pauvre femme saisie par quatre troupiers, qui la dépouillaient rapidement de ses vêtements. J'entendis la voix impérieuse de l'officier commandant qui interrogeait la femme, disant : « Vous avez tué deux de mes hommes. » La femme se mit à rire ironiquement et répondit d'un ton rude : « Puisse Dieu me punir pour n'en avoir pas tué plus! J'avais deux fils à Issy, ils ont été tués tous deux, et deux à Neuilly, qui ont subi le même sort. Mon mari est mort à cette barricade, et maintenant faites de moi ce que vous voudrez. » Je n'en entendis pas davantage; je m'éloignai en rampant, mais pas assez tôt pour ne pas entendre le commandement de : « Feu! » qui m'apprit que tout était fini. »

Le dimanche matin, les derniers défenseurs de la Commune étaient parqués dans la moitié du XXe arrondissement.

De bonne heure la barricade de la place Voltaire fut prise de deux côtés, et la plupart de ses défenseurs fusillés. Une généreuse inconnue sauva deux des combattants qui, brisés de découragement et de fatigue, frappèrent à sa porte à deux pas des soldats.

De la rue de Charonne au faubourg du Temple et dans la partie nord du quartier Popincourt, la lutte suprême eut lieu le dimanche matin. — Les fédérés n'ont plus de canons; les deux tiers de l'armée les entourent, qu'importe! — Rue du faubourg du Temple, rue Oberkampf, rue Folie-Méricourt, on lutta. Il y avait là certaines barricades qu'on ne pouvait tourner et des maisons qui n'avaient pas d'issues. L'artillerie versaillaise les canonna et la troupe attendit que les fédérés eussent consommé leurs munitions. A Belleville, la résistance dura jusqu'à épuisement complet de cartouches, jusqu'à la destruction par les obus de la plupart des habitations.

Peu à peu la lutte s'éteignit. Un bataillon composé d'Alsaciens et de Lorrains qui, après avoir quitté leur pays ruiné par l'invasion prussienne, étaient venus servir la Commune, tint un des derniers. Les soldats avançaient difficilement sur le sol argileux. Beaucoup, pour ménager leur chaussure, dépouillèrent les morts et se chaussèrent de leurs souliers.

Enfin, il y eut de longs silences. Vers trois heures, les vaincus se réfugièrent dans les carrières d'Amérique, où la plupart, avec un courage stoïque, se donnèrent la mort les uns aux autres, pour échapper aux prétoriens.

Ce fut fini.

Nous devons, pour terminer le récit des opérations militaires, mentionner l'occupation du fort de Vincennes. Elle eut lieu le lundi 29.

A huit heures du matin, le commandant du 18e de la garde nationale, bataillon réfractaire à la Commune, passait devant le fort, quand il entendit un coup de feu. Peu après il rencontra le capitaine adjudant-major B...., du 99e, qui lui dit : « Merlet vient de se tuer. » Merlet, garde général du génie et de l'artillerie, ancien employé du génie à Metz, était un républicain sincère, capable, énergique et bien résolu à faire sauter le fort plutôt que de le rendre. — « Est-ce vous qui l'avez tué, dit le commandant? — « Non, répondit B.... venez le voir. » Et il conduisit son interlocuteur dans la chambre où Merlet gisait à terre. La balle était entrée par la joue et ressortie par la tempe. B.... avoua seulement avoir dispersé les éléments de la pile électrique au moyen de laquelle Merlet se disposait à faire sauter le fort.

Un colonel d'état-major versaillais était venu la veille proposer la capitulation, mais on n'avait pu s'entendre. Cependant, le lendemain lundi le général Vinoy n'envoya pour s'emparer du fort que deux cents lignards, dont, par parenthèse, l'attitude n'était pas trop rassurée. Leur commandant déclarait tout haut que c'était folie de vouloir aborder avec cette poignée d'hommes une pareille position.

Mais toute résistance était impossible ou du moins limitée à un très-court délai. L'opinion générale était qu'on devait se rendre, et le commandant Faltot dut la subir. C'était un brave officier qui avait versé son sang en Pologne et avec Garibaldi. Arrêté par la Commune sur quelqu'une de ces sottes dénonciations auxquelles on faisait si facilement droit, il n'en garda aucune amertume et, pouvant s'échapper du fort, il répondit « que l'honneur lui défendait d'abandonner ses compagnons d'armes. » Il consentit seulement à laisser mettre ses fils en sûreté.

A trois heures, les portes s'ouvrirent. Les deux cents héros versaillais entrèrent tambour battant. Les fédérés, au nombre de quatre cents, leurs armes en faisceaux, attendant leur sort, étaient allés se ranger au fond de la cour.

Neuf de leurs officiers furent pris et enfermés à part. B.... ne fut pas de ce nombre.

La nuit, à trois heures, dans les fossés, à cent mètres de l'endroit où tomba le duc d'Enghien, ces neuf officiers furent mis en présence du peloton d'exécution. L'un d'eux, le colonel Delorme, arrivé au bas de l'escalier conduisant aux fossés, se tourna vers le Versaillais qui commandait et lui dit : « Tâtez mon pouls, voyez si j'ai peur. »

La fierté de sa contenance frappa vivement les soldats. L'officier versaillais se détourna devant un courage aussi calme. Ceux qui n'ont jamais combattu pour le peuple ne comprendront jamais combien il est facile et doux de mourir pour lui.

CHAPITRE VII.

Les assassinats.

L'ordre règne. — L'état de siége. — Paris fermé. — Témoignages oculaires. — Les cadavres de la mairie du XIe. — Massacres de la Roquette. — Aspect du faubourg Saint-Antoine. — Les cours martiales. — Le président Maillard et les officiers des cours martiales. — Jugements sommaires. — Tueries de la caserne Lobau. — Courage héroïque des fédérés — Le docteur Tony-Moilin. — Cruauté du marquis de Gallifet. — Férocité des officiers. — Stupidité des soldats. — Les viols. — Le faux de *l'Officiel* — Méprises. — Exécution du faux Billioray, Vallès, Lefrançais, etc., etc. — Excitations de la presse. — La gloire de M. Mac-Mahon. — Paris à sang. — Mort admirable de Varlin. — Son caractère. — Exécutions le long du mur de Charonne. — Les prétendus empoisonnements. — La presse et l'armée. — Les officiers s'amusent. — La haute société. — Ne tuons plus! — La peur de la peste. — Infection produite par les cadavres. — Exhumations et inhumations. — Les femmes au cimetière. — Blessés enterrés vifs. — Joyeuseté de M. de Girardin. — Les charniers des casemates. — Incinération. — Exécutions au bois de

Boulogne. — Les prières publiques. — Humanité de Mmes Thiers et Mac-Mahon.

L'ORDRE RÉGNAIT A PARIS!

Cavaignac avait promis le pardon, et il massacra. M. Thiers avait promis le massacre, il en soûla l'armée.

Il n'y eut plus à Paris qu'un gouvernement, l'armée qui avait massacré Paris.

— « Soldats et marins, dit Mac-Mahon, le pu-
» blic applaudit au succès de vos patriotiques
» efforts. »

La ville fut divisée en quatre grands commandements sous les ordres des quatre généraux Vinoy, Ladmirault, Cissey, Douay, et soumise au terrible régime de l'état de siége Tous les pouvoirs dévolus à l'autorité civile furent placés entre les mains de l'autorité militaire. Tous les lieux publics durent être évacués à onze heures du soir. Les théâtres furent fermés; les affiches soumises au commandant en chef. Les journaux durent obtenir l'autorisation de paraître, et il fut interdit de les crier. Des affiches apposées sur tous les murs annoncèrent que tout citoyen trouvé détenteur d'une arme quelconque serait immédiatement arrêté et traduit devant un conseil de guerre; que toute maison de laquelle on tirerait serait livrée à une exécution sommaire, c'est-à-dire au massacre. Paris fut gardé comme une citadelle. Dans toutes ses rues, sur toutes ses places, à tous ses carrefours, les soldats campèrent et les sentinelles veillèrent jour et nuit. Seuls, les officiers de l'armée en uniforme purent circuler librement. Aucun laissez-passer ne fut délivré aux civils. La garde nationale fut désarmée et dissoute. L'entrée de la ville fut difficile et la sortie impossible. Les maraîchers ne pouvant circuler librement, les vivres faillirent manquer.

Cet immense cirque ainsi fermé, l'armée, aidée de la police, rabattit le gibier devant les abattoirs. Quel autre nom donner à ces cours martiales qui dépêchèrent immédiatement, sans contrôle, des milliers d'êtres humains dont elles ne daignèrent même pas constater l'identité ? Nous prenons, du reste, l'engagement de ne rapporter que les faits dont nous avons été témoins ou ceux qui nous viennent de témoins oculaires, ou ceux qui ont été rapportés par les journaux de l'ordre, les seuls autorisés à Paris. Les cruautés des Versaillais nous étant racontées par leurs amis, nous sommes bien forcés d'y croire.

Voici pour notre compte ce que nous avons vu.

Le dimanche matin, 28, à la barricade de la place Voltaire, une cinquantaine de gardes faits prisonniers furent aussitôt fusillés. Poussé, non par une curiosité indigne, mais par l'âpre besoin de voir la vérité, nous allâmes, au risque d'être reconnu, jusqu'auprès des cadavres étendus sur les trottoirs de la mairie. Les soldats, pour déshonorer leurs victimes, avaient placé sur leur poitrine des écriteaux où on lisait : *Assassin, Voleur.* Une femme gisait là presque nue. De son ventre, ouvert par une affreuse blessure, les boyaux sortaient et se répandaient sur le trottoir. Un fusilier marin s'amusait à dévider ces entrailles du bout de sa baïonnette, et il vida ainsi, aux rires de ses camarades, le ventre de cette malheureuse. Dans la bouche de quelques cadavres, les sauveurs de Paris avaient enfoncé des goulots de bouteilles et sur la poitrine ils avaient écrit : *Ivrogne.*

Près de trois mille fédérés, pris la nuit précédente au Père-Lachaise, avaient été amenés dans la prison de la Roquette. *Aucun n'en sortit.* Depuis le matin jusqu'à quatre heures du soir on entendit au dehors des explosions continuelles. Pendant plus d'une heure, mêlé à la foule, nous écoutâmes devant la porte. Ce n'était pas toujours le bruit de la fusillade ; on distinguait très-nettement le grincement des mitrailleuses. Des artilleurs qui sortirent nous confirmèrent l'affreuse vérité. On expédiait des prisonniers par troupeaux de cinquante et de cent hommes. Les pelotons d'exécution étant harassés de fatigue, et ajustant mal, les officiers, par humanité, disaient-ils, avaient fait avancer des mitrailleuses. L'interrogatoire n'était qu'un défilé devant *la cour*; car tous les prisonniers faits au cimetière étaient marqués pour la mort et parqués à part comme des moutons. Les artilleurs, qui parlèrent devant nous, secouaient sur le trottoir leurs souliers dégouttants de sang ; plusieurs femmes défaillirent. Le sang coulait à gros bouillons dans les ruisseaux intérieurs de la prison. Un officier sortit les yeux égarés, vacillant ; cette tuerie lui avait donné le vertige. De ces tas humains il sortait des râles, car tous n'étaient pas tués du coup ; on n'avait pas le temps de leur donner le coup de grâce. On jeta bien encore quelques paquets de balles à travers ces monceaux sanglants, mais malgré tout, les soldats entendirent pendant la nuit des agonies désespérées.

Quel historien parlera maintenant des massacres de septembre comme de l'horreur suprême! Les grandes tueries de la Bible, les fêtes sanglantes du roi de Dahomey, peuvent seules donner une idée de ces boucheries de prolétaires. La Saint-Barthélemy qui tua 2,000 protestants, le 2 Décembre où quinze cents personnes environ furent couchées à terre, Juin 48 lui-même, formeraient à peine un épisode de ce gigantesque tableau. Car la prison de la Roquette n'était qu'un coin du drame qui s'accomplissait en ce moment dans toute la ville de Paris.

Nous essayâmes de sortir du faubourg Saint-Antoine, mais il était cerné. Depuis le vendredi soir, les soldats faisaient des perquisitions d'hommes et d'armes. Le drapeau tricolore, le drapeau du massacre, pendait à presque toutes les croisées de toutes les maisons; le cœur s'en soulevait de dégoût; on eût dit une fête nationale. Les Prussiens pouvaient se réjouir, car c'était l'anéantissement de ceux-là qui furent leurs seuls ennemis convaincus pendant le siége (1). Rue de la Roquette, à l'entrée du

(1) C'est une erreur assez généralement répandue que les bataillons républicains de Paris ont montré plus de courage contre leurs ennemis civils que contre les Prussiens. — La base principale de ce faux bruit, est l'accusation de lâcheté que le général Clément

faubourg et dans toutes les rues adjacentes, les maisons trouées, calcinées, s'écroulaient dans la chaussée. Certaines, dont il ne restait que des pans de mur, ressemblaient à des squelettes gigantesques gardant les cadavres étendus à leurs pieds. Il y en avait dans toutes les rues, dans tous les coins. On les tirait de tous les magasins, près des barricades, où quelques blessés avaient rampé, cherchant un coin obscur pour mourir. Rue Basfroid, ils encombraient la chaussée, couchés à côté les uns des autres, leur face blanche en l'air, raidis, regardant les passants de leurs yeux morts ouverts. Quelques-uns avaient les poches retournées. De temps en temps, les soldats contraignaient les habitants à jeter du chlore sur les cadavres. Leur nombre était si considérable que, dans certains quartiers, les rues semblaient couvertes de neige. Plusieurs étaient là depuis deux

Thomas a jetée aux tirailleurs de Belleville. Mais il résulte de l'enquête faite par les officiers des bataillons d'arrondissements voisins, que les tirailleurs ont bien tenu dans les tranchées, sous un feu très-vif, et qu'ils ne les ont abandonnées qu'après 40 heures, sur l'ordre de leur commandant et après l'arrivée de leurs remplaçants. Du reste, les conseils de guerre n'ont pu condamner que le major du bataillon.

jours. Défense avait été faite de les enlever. Au risque d'infecter les quartiers, M. Thiers avait voulu par ce spectacle frapper les esprits d'une salutaire terreur. Dans tous les ruisseaux, à tous les coins de rue, les fusils, les gibernes, les uniformes s'amoncelaient, jetés des fenêtres ou apportés par les habitants affolés. Sur les portes, des femmes assises, la tête dans les mains, immobiles, regardaient devant elles sans voir. Combien attendaient ainsi le retour d'un mari ou d'un enfant traduit en ce moment devant la cour martiale !

A la caserne Lobau, à l'École militaire, au Luxembourg, à la prison Saint-Lazare et sur vingt autres points, la fusillade était en permanence.

Nous avons dit que les cours martiales s'étaient installées dans tous les quartiers au fur et à mesure de leur occupation. Elles étaient présidées par un officier supérieur. L'histoire a conservé les procès-verbaux du tribunal fameux qui siégea à l'Abbaye en 92. On sait que le président Maillard interrogea chacun des prisonniers, tous d'ailleurs parfaitement connus. On sait qu'il y eut des sortes de plaidoyers, des explications assez longues à la suite desquelles plusieurs furent délivrés. Les défenseurs de l'ordre en 1871 n'y mirent pas tant de façon et procédèrent en vrais bouchers à leur féroce besogne. Il n'y eut ni registre ni procès-verbal. Les accusés défilaient par rang devant la *cour*, assemblage de quatre ou cinq officiers échauffés et sales, les mains crispées, les coudes sur la table, quelquefois le cigare aux dents. On commençait par le premier de la file; l'interrogatoire durait en moyenne un quart de minute. “ Avez-vous pris les armes? — Avez-vous servi la Commune? — Montrez vos mains. „ A la moindre hésitation, ou si l'allure de l'accusé trahissait un combattant, ou si sa figure répugnait aux honorables magistrats, ou même s'il se défendait avec trop d'énergie, sans autre explication, sans lui demander ni son âge, ni sa profession, ni même son nom, on le déclarait *classé*. “ Vous? „ disait-on au voisin; et ainsi de suite jusqu'au bout de la file, sans laisser quelquefois aux malheureux le temps de répondre. Quand, par impossible, l'innocence d'un prisonnier apparaissait éclatante ou qu'on eût bien voulu le laisser parler, il était déclaré *ordinaire*, c'est-à-dire envoyé à Versailles. — Personne n'était libéré.

On livrait les *classés* aux soldats qui les emmenaient à côté. Du Châtelet, par exemple, ils étaient conduits à la caserne Lobau. Là, à peine entrés dans la cour et les portes refermées, on les tirait sans même prendre le temps de les aligner devant un peloton d'exécution. Quelques-uns de ces malheureux s'échappaient, couraient le long des murs comme des fauves tournant autour de leur cage ; les soldats leur faisaient la chasse et les canardaient des croisées au risque de se blesser entre eux.

La contenance des fédérés était partout admirable. Nul ne demandait grâce. Beaucoup croisaient leurs bras, commandaient le feu, bien que les soldats tirassent sans commandement, dès qu'on se trouvait au bout de leurs fusils. A une barricade du faubourg du Temple, un enfant de dix ans se signala parmi les plus acharnés défenseurs. La barricade prise, tous les survivants furent fusillés. Quand vint le tour de l'enfant, il demanda à l'officier trois minutes de répit. Sa mère demeurait en face. Il voulait lui porter sa montre d'argent « *afin qu'au moins elle ne perdît pas tout.* » L'officier, involontairement ému, pensant bien ne plus le revoir, le laissa partir. — On le vit reparaître deux minutes après. Il traversa en courant la rue, criant : Me voilà ! sauta sur le trottoir et vint lestement s'adosser au mur, devant les fusils des soldats stupéfaits.

Un journal belge, l'*Étoile*, qui n'avait cessé de couvrir d'injures la Commune et ses défenseurs, ne put cependant s'empêcher de reconnaitre l'héroïsme de ces *brigands* en face de la mort.

« Ce que je n'ai pas encore vu signaler, disait son correspondant, c'est un des phénomènes moraux qui s'est révélé depuis la défaite de l'insurrection. Je veux parler du fatalisme et de la résignation à la mort dont sont possédés les insurgés combattants. Sans doute, il s'en est trouvé qui, au dernier moment, ont eu peur et ont fait tout ce qu'ils ont pu pour échapper à la mort : mais la majorité de ceux qui se sont battus avec acharnement et qui ont été pris les armes à la main, savaient très-bien quel sort les attendait. Il semble qu'une logique inexorable les poussait. Ils avaient tué pour gagner une partie ; la partie était perdue, ils sentaient qu'ils devaient être tués à leur tour. La plupart ont été au-devant de la mort, comme les Arabes après les batailles, avec indifférence, avec mépris, sans haine, sans colère, sans injure pour leurs exécuteurs.

» Tous les soldats qui ont pris part à ces exécutions et que j'ai questionnés, ont été unanimes, dans leurs récits.

„ L'un d'eux me disait : — „ Nous avons fusillé à Passy une quarantaine de ces *canailles*. Ils sont tous morts en soldats. Les uns croisaient les bras et gardaient la tête haute. Les autres ouvraient leurs tuniques et nous criaient : Faites feu ! Nous n'avons pas peur de la mort. "

„ Un soldat de marine, très-brave, très-bon militaire et très-humain, me racontait la laborieuse et sanglante pérégrination qu'il avait faite, à travers tout le faubourg Saint-Germain, le Panthéon, le pont d'Austerlitz et le quartier Saint-Antoine.

— „ Nous avons, me disait-il, un colonel qui est un excellent homme et qui n'aime pas le sang. Nous n'avons tué que ceux qui avaient voulu nous tuer. Les autres, nous les avons faits prisonniers.

„ Pas un de ceux que nous avons fusillés n'a sourcillé. Je me souviens surtout d'un artilleur qui, à lui tout seul, nous a fait plus de mal qu'un bataillon. Il était seul pour servir une pièce de canon. Pendant trois quarts d'heure, il nous a envoyé de la mitraille et il a tué et blessé pas mal de mes camarades. Enfin, il a été forcé. Nous sommes descendus de l'autre côté de la barricade.

„ Je le vois encore. C'était un homme solide. Il était en nage du service qu'il avait fait pendant une demi-heure. — A votre tour, nous dit-il. J'ai mérité d'être fusillé, mais je mourrai en brave. „

„ Un autre soldat du corps du général Clinchant me racontait comment sa compagnie avait amené sur les remparts quatre-vingt-quatre insurgés pris les armes à la main.

— „ Ils se sont tous mis en ligne, me disait-il, comme s'ils allaient à l'exercice. Pas un ne bronchait. L'un d'eux, qui avait une belle figure, un pantalon de drap fin fourré dans ses bottines et une ceinture de zouave à la taille, nous dit tranquillement : — Tâchez de tirer à la poitrine, ménagez ma tête. — Nous avons tous tiré, mais le malheureux a eu la tête à moitié emportée. „

„ Un fonctionnaire de Versailles me fait le récit suivant :

— „ Dans la journée de dimanche, j'ai fait une excursion à Paris. Je me dirigeais près du théâtre du Châtelet, vers le gouffre fumant des ruines de l'Hôtel de ville, lorsque je fus enveloppé et entraîné par le torrent d'une foule qui suivait un convoi de prisonniers. J'ai vu de près ces prisonniers. Je les ai comptés, ils étaient au nombre de vingt-huit. J'ai retrouvé en eux les mêmes hommes que j'avais vus dans les bataillons du siége de Paris. Presque tous m'ont paru être des ouvriers.

„ Leurs visages ne trahissaient ni désespoir, ni abattement, ni émotion. Ils marchaient devant eux d'un pas ferme, résolu, et ils m'ont paru si indifférents à leur sort que j'ai pensé qu'ils avaient été pris dans une razzia, et qu'ils s'attendaient à être relâchés. Je me trompais du tout au tout. Ces hommes avaient été pris le matin à Ménilmontant, et ils savaient où on les conduisait. Arrivés à la caserne Lobau, les cavaliers qui précédaient l'escorte font faire le demi-cercle et empêchent les curieux d'avancer.

„ Les portes de la caserne s'ouvrent toutes grandes pour laisser passer les prisonniers et se referment aussitôt.

„ Une minute n'était pas écoulée et je n'avais pas fait quatre pas, qu'un feu de peloton terrible retentit à mes oreilles. On fusillait les vingt-huit insurgés. Surpris par cette horrible détonation, je ressentis une commotion qui me donna le vertige. Mais ce qui augmenta mon horreur, ce fut après le feu de peloton le retentissement successif des coups isolés qui devaient achever les victimes.

„ Je m'enfuis épouvanté. Autour de moi la foule m'a semblé impassible. Depuis deux mois elle était habituée aux scènes horribles. „

Au Luxembourg, à l'Ecole polytechnique, à l'Ecole militaire, au parc Monceau, à Belleville, à Montmartre, aux environs de Paris, à Montreuil, à Neuilly, à Bicêtre, etc., etc., partout enfin où les cours martiales furent établies, la tuerie continua et s'accomplit, de même jusqu'aux premiers jours de juin, en masse au nom de la société, en détail au profit de certaines vengeances particulières. Au champ des Navets d'Ivry, 800 prisonniers condamnés par la cour qui siégeait au fort de Bicêtre furent exécutés à coups de mitrailleuse. A Neuilly, la Commune avait fait arrêter, sur les instances de plusieurs habitants, un agent de police nommé Marie, qui s'était rendu odieux par ses vexations. Délivré par les Versaillais, Marie fit fusiller tous ceux qui avaient demandé son arrestation. L'occasion d'ailleurs était bonne pour se défaire de tout adversaire politique, et les juges ne s'en cachèrent pas. Presque tous étaient bonapartistes, et assouvissaient leur haine contre leurs anciens ennemis les républicains. Le docteur Tony-Moilin, étranger aux actes de la Commune, mais qui avait été impliqué dans plusieurs procès de l'empire, fut en quelques minutes jugé et condamné à mort, « non, voulurent bien lui dire ses juges, qu'il eût commis aucun acte qui la méritât, mais parce qu'il était un des chefs du parti socialiste, dangereux par ses talents, son caractère et son influence sur les masses, un de ces hommes enfin dont un gouvernement prudent et sage doit se débarrasser quand il en trouve l'occasion légitime (1). »

Et cependant, les procédés expéditifs des cours martiales lassaient la patience de certains généraux. Le marquis de Gallifet, atteint d'une sorte d'hystérie sanguinaire, faisait arrêter de temps en temps *pour les éclaircir* les colonnes de prisonniers qu'il conduisait à Versailles. A l'Arc-de-Triomphe, il en fusilla d'abord 82, puis 20 pompiers, puis une douzaine de femmes. Le dimanche matin, 28, à Passy, il arrêta une colonne de 2,000 fédérés et cria :

— Que ceux qui ont des cheveux blancs, sortent des rangs.

Cent onze fédérés sortirent des rangs et furent aussitôt fusillés dans les fossés. Pour ceux-

(1) Voy. l'appendice, note 2.

là la circonstance aggravante était d'être contemporains de juin 48.

Non-seulement le fait d'avoir pris les armes pour la Commune suffisait pour provoquer la mort, mais on considérait comme un crime capital d'avoir participé à un service quelconque de son administration. Sur la place de la Concorde, un employé, coupable d'avoir télégraphié pour la Commune, fut exécuté. On pouvait aller loin dans cette voie et fusiller pour la même raison tous ceux qui avaient fait des chaussures, cuit du pain, etc., pour les Communalistes. L'armée, fort disposée à pratiquer cette logique, semblait craindre que Versailles ne montrât quelque mollesse. « N'envoyez pas X à Versailles, disait un officier supérieur à un autre; mais faites-lui son affaire à Paris, car à Versailles on ne le fusillera pas. »

Comment justifier cette fureur? Tous les journaux versaillais ont dit que les pertes des troupes avaient été extrêmement faibles. Le rapport officiel accuse seulement 877 morts et 6,455 blessés, officiers et soldats. Les exécutions n'avaient donc pas l'excuse de la colère, des vengeances. Quand une poignée d'hommes, sans discipline, aux portes de la mort, n'obéissant qu'à leur désespoir, massacrent dans un coin cinquante-six prisonniers sur trois cents, qu'ils ont entre les mains, l'opinion publique proteste avec la Justice ; mais que sera-ce quand on instruira le procès de ceux qui, en plein soleil, méthodiquement, sans anxiété sur l'issue de la lutte, massacrèrent vingt mille personnes — parmi lesquelles des femmes et des petits enfants — dont la moitié au moins n'avait pas combattu ? (1) Mais la grande, la vraie responsabilité de ces crimes revient aux officiers. Depuis le retour des troupes de captivité, l'armée avait un excédant de plus de six mille officiers à replacer, suivant leurs droits et leur mérite. Ceux qui étaient parvenus à faire partie de l'armée de Paris ne reculèrent devant aucune preuve de zèle pour accroître leurs chances. Du reste, les troupes versaillaises étaient fort bien disciplinées. Aucun officier, aucun membre de la Commune n'aurait réussi, même en offrant sa vie en échange, à empêcher l'exécution des otages. Nul soldat, au contraire, n'aurait osé, n'aurait pu procéder à la moindre exécution sans l'ordre précis de ses supérieurs. Ainsi, certains régiments firent plus ou moins de prisonniers, se montrèrent plus ou moins barbares, selon l'humanité de leurs colonels.

(1) Voir la note 3, à l'appendice.

Chez un marchand de vin de la place Voltaire, nous vîmes, le dimanche matin, entrer de tout jeunes soldats; c'étaient des fusiliers-marins. Ils étaient, nous dirent-ils, de la classe 1871. Leur teint était pâle, leurs gestes lourds, leurs yeux voilés. — « Et il y a beaucoup de morts? » dîmes-nous. — « Ah! répondit l'un d'eux d'un ton lassé, nous avons ordre de ne pas faire de prisonniers; c'est le général qui l'a dit. (Ils ne purent même pas nous nommer leur général!) S'ils n'avaient pas mis le feu, on ne leur aurait pas fait ça.... mais comme ils ont mis le feu, il *faut tuer* (textuel). » Il continua comme parlant à son camarade : « Ce matin, là (il montrait la barricade de la mairie), il en est venu un sans uniforme et sans fusil. Nous l'avons emmené. — « Vous n'allez pas me fusiller peut-être » a-t-il dit. — « Oh! que non. » Nous l'avons fait passer devant nous, et puis... pan... pan..., même qu'il gigotait drôlement. » Mais dîmes-nous, vous avez retrouvé vos camarades faits prisonniers le 18 mars? — Oui. — On les a même bien traités. — Oui, ils n'avaient qu'à manger, à boire, à dormir et à se promener comme ils voulaient. (1) — Eh bien?... » Ils n'eurent même pas l'air de comprendre.

(1) En effet, la Commune respectant les scrupules

On sait l'indignation de M. Thiers quand le *Morning Post* publia que treize femmes avaient été exécutées place Vendôme, après avoir été publiquement outragées. Le *Journal Officiel* qui falsifia (1) la lettre adressée au *Morning Post*, accusa de *mensonge*, d'*infamie*, de *vénalité*, de *lâcheté*, ceux qui, disait-il, « osent imprimer, qu'à l'heure où nous écrivons, on fusille les prisonniers à Versailles, on assassine les femmes, place Vendôme, après les avoir déshonorées. » *A l'heure où nous écrivons*, — c'est-à-dire le 14 juin, M. Thiers, qui connaît son Escobar, pouvait peut-être soutenir qu'on n'exécutait pas à Versailles, et qu'on n'outrageait pas à Paris. Mais du 22 mai au 6 juin, on fusilla les prisonniers, hommes, femmes, enfants, à outrance, à Versailles comme à Paris. Ce ne fut peut-être pas sur la place Vendôme ni à la date indiquée que des femmes furent déshonorées avant d'être mises à mort, mais il y eut des viols sur plusieurs points pendant les perquisitions. Les

de ces soldats, qui ne voulaient pas, disaient-ils, se battre contre l'armée, les avait hébergés pendant tout le siége, sans exiger d'eux aucun service, même intérieur. On les rencontrait flânant dans toutes les rues de Paris.

(1) V. l'appendice.

jeunes fusiliers du boulevard Voltaire s'en vantèrent *devant nous*. Ces brutes, qui sans raison ni prétexte faisaient rouler sous leurs balles le premier venu dans la rue, n'en étaient pas à quelques galanteries près, et *devant nous* ils en racontèrent les détails.

Quelles méprises eurent lieu dans cet ouragan de massacres! Le 26, vers deux heures de l'après-midi, un individu assez bien mis qui passait sur l'avenue de la Bourdonnaye fut entouré par la foule qui se mit à crier : « C'est Billioray, membre de la Commune! »

Une patrouille du 6e de ligne, qui passait dans ce quartier, arrêta l'individu et le conduisit à l'École militaire. La foule suivait, hurlant toujours : « C'est Billioray! »

Le malheureux avait beau protester, les clameurs couvraient sa voix.

L'officier devant lequel il fut conduit, convaincu de son identité par tant de témoignages différents, ordonna son exécution immédiate.

— Mais je vous jure que je ne suis pas Billioray, protestait l'infortuné; je suis Constant. J'habite tout près d'ici, au Gros-Caillou; allez plutôt le demander aux voisins.

— Il ment, le lâche, vociféraient les assistants; c'est bien Billioray, nous en sommes sûrs.

Et une foule d'individus, qui jamais de la vie n'avaient vu le membre de la Commu hurlaient plus fort que les autres : « C'est B lioray ! »

L'officier donna l'ordre de procéder à l'ex cution. On garotta la victime, qui se débatt énergiquement, et on la fusilla à bout p tant.

Le soir, on envoya son cadavre, avec une fou d'autres, à Issy, pour y être enterré.

Le caporal qui commandait l'escorte du co voi disait en montrant le cadavre du faux B lioray :

— Le misérable ! il est mort lâchement, il traînait à genoux ! (1)

Quelques jours après, le vrai Billioray éta arrêté. Les papiers trouvés sur l'infortuné fusil à sa place prouvèrent qu'il s'appelait réellemen Constant, qu'il était établi mercier au Gro Caillou et que toujours il était resté étranger la politique. Ainsi on ne s'était même pas don la peine de fouiller ce malheureux avant d l'exécuter.

On annonça dans tous les journaux la mo du membre de la Commune Vallès, et le *Gaulo*

(1) *Le Siècle*,

oublia le récit d'un chirurgien militaire qui *connaissait* Vallès et avait assisté à son exécution.

« Le fait, disait-il, s'est passé le jeudi 25 mai, à six heures et quelques minutes du soir, dans la petite rue des Prêtres-Saint-Germain-l'Auxerrois. Vallès sortait du théâtre du Châtelet, emmené par le peloton d'exécution chargé de le fusiller. Il était vêtu d'une jaquette noire et d'un pantalon clair d'une nuance jaunâtre. Il ne portait point de chapeau, et sa barbe, qu'il avait fait raser peu de temps auparavant, était fort courte et déjà grisonnante.

« En entrant dans la ruelle où devait s'accomplir la funèbre sentence, le sentiment de la conservation lui rendit l'énergie qui semblait l'avoir abandonné. Il voulut s'enfuir, mais retenu par les soldats, il entra dans une fureur horrible, criant : « A l'assassin! » se tordant, saisissant ses exécuteurs à la gorge, les mordant, opposant, en un mot, une résistance désespérée.

« Les soldats commençaient à être embarrassés et quelque peu émus de cette horrible lutte, lorsque l'un d'eux, passant derrière lui, lui donna un si furieux coup de crosse dans les reins, que le malheureux tomba avec un sourd gémissement.

„ Sans doute la colonne vertébrale éta
brisée; on lui tira alors quelques coups de f
en plein corps et on le larda de coups de baïo
nette; comme il respirait encore, un des exéc
teurs s'approcha et lui déchargea son chassep
dans l'oreille. Une partie du crâne sautant, s
corps fut abandonné dans le ruisseau, en atte
dant qu'on vînt le relever.

„ C'est alors que les spectateurs de cet
scène s'approchèrent, et, malgré les blessures q
le défiguraient, purent constater son identité.

Or, Vallès ne fut jamais pris, et il put s
réfugier à l'étranger. Évidemment, on avai
fusillé quelque malheureux à sa place. De
témoins oculaires affirmèrent aussi avoir as
sisté à l'exécution de Lefrançais, membre d
la Commune, recommandable par son talent d
parole et l'intégrité de son caractère. Reconnu
comme Vallès, par la foule, il avait été, disait
on, fusillé le jeudi, rue de la Banque, contre la
maison portant le numéro 15. Or, en dépit de
son exécution, Lefrançais, comme son collègue
put gagner l'étranger. Certains membres de la
Commune furent ainsi fusillés une demi-dou
zaine de fois dans la personne d'individus qu
leur ressemblaient plus ou moins. Au quartier
Latin, on exécuta trois employés de commerce

portant le même nom et à peu près le même signalement qu'un fonctionnaire de la préfecture de police échappé à toutes les recherches. Beaucoup de réfugiés à l'étranger possèdent ainsi leur extrait *mortuaire,* délivré par les autorités *compétentes.* L'armée, n'ayant ni police ni renseignements précis, tuait à tort et à travers comme elle arrêtait, en tas, comptant sans doute qu'elle atteindrait par là tout le monde. Elle réussit, en effet, à fusiller dans le nombre pas mal de bourgeois réactionnaires, obligés, malgé leurs protestations désespérées de mourir pour le compte de la Commune.

Mais on avait bien le temps de s'arrêter à ces misères! La presse sonnait la curée. Ni la crainte des représailles, dans l'avenir, ni l'exemple de Clément Thomas, tué après vingt-deux années par le souvenir de juin 48, ne purent l'arrêter. Altérée de vengeance personnelle, oubliant que dans les guerres civiles il n'y a que les morts qui reviennent, elle n'avait qu'une voix, qu'un article : « Tue! tue! »

« Pas un des malfaiteurs dans la main desquels s'est trouvé Paris pendant deux mois ne sera considéré comme homme politique : on les traitera comme des brigands qu'ils sont, comme les plus épouvantables monstres qui se soient vus dans l'histoire de l'humanité. Plusieurs journaux parlent de relever l'échafaud détruit par eux, afin de ne pas même leur faire l'honneur de les fusiller. „ (*Moniteur universel.*)

“ Il ne faut pas qu'on se le dissimule un instant : il reste à Paris plus de cinquante mille insurgés... La ville qui a l'orgueil de rester à la tête de la France et de la civilisation, ne se relèvera dans l'opinion publique, et ne sera digne de son rôle de capitale, que le jour où, par sa volonté et son énergie, elle sera devenue la dernière étape de ces bandits.

„ Qu'est-ce qu'un républicain? — Une bête féroce. „ (*Figaro.*)

“ Si Paris veut conserver le privilége d'être le rendez-vous du beau monde honnête et *fashionnable*, il se doit à lui-même, il doit aux hôtes qu'il convie à ses fêtes une sécurité que rien ne puisse troubler... Des exemples sont indispensables. Fatale nécessité, mais nécessité.

„ Ces hommes qui ont tué pour tuer et pour voler, ils sont pris, et on leur répondrait : Clémence!

„ Ces femmes hideuses qui *fouillaient à coups de couteau la poitrine d'officiers agonisants*, elles sont prises, et on dirait : Clémence! „ (*La Patrie.*)

« Il faut faire *la chasse* aux communeux. » (*Bien public.*)

« Le règne des scélérats du 18 mars est fini. On ne saura jamais par quels raffinements de cruauté et de sauvagerie ils ont clos cette orgie du crime et de la barbarie. On peut le résumer ainsi : deux mois de vol, de pillage, d'assassinat et d'incendie. » (*L'Opinion nationale.*)

« QUEL HONNEUR ! (s'écriait le *Journal des Débats*), NOTRE ARMÉE A VENGÉ SES DÉSASTRES PAR UNE VICTOIRE INESTIMABLE. »

Ainsi l'armée prenait sur Paris la revanche de ses défaites ! Paris était un ennemi, comme la Prusse, et d'autant moins à ménager que l'armée avait son *prestige* à reconquérir ! De quel droit peut-on s'étonner maintenant que les fédérés se soient défendus contre l'armée de Versailles, comme ils l'auraient fait devant les Prussiens ? —Pour compléter la similitude, après la victoire, il y eut un triomphe. Les Romains ne le décernaient jamais après les luttes civiles. M. Thiers en décida autrement pour bien montrer au monde que la lutte des classes a remplacé celle des peuples. Les dix contre un paradèrent dans une grande revue. Une épée d'honneur fut offerte à Mac-Mahon. Un journal, *l'Avenir libéral*, louait ainsi les proclamations du maréchal : « On dirait qu'il veut se dissimuler. Cela rappelle ces paroles de Fléchier sur Turenne : *Il se cache, mais sa gloire le découvre.* »

Et, en effet, la gloire du Turenne de 1871 se lisait sur tous les murs, sur toutes les places, sur tous les quais de Paris. Les murs portaient en des milliers d'endroits des traces de sang caillé et de balles, quelquefois des vestiges de cervelles. En dehors des cours martiales, vraies usines à massacre, les soldats travaillaient en détail dans tous les coins de Paris. Tout individu, dénoncé comme officier de la garde nationale, tout délégué de la Commune était fusillé de droit. Un de ces derniers, Charles Mélin, répondit aux questions qu'on lui faisait : « Nous avons perdu la partie, mais nos petits-neveux la reprendront et la gagneront sûrement. » Un autre, Napias-Piquet, fut fusillé rue de Rivoli et son corps abandonné sur place toute la journée, non sans que les soldats l'eussent au préalable dépouillé de ses bottines vernies, qui étaient neuves. Quiconque avait tenu de près ou de loin à un comité quelconque, tout clubiste reconnu était mis à mort. Le président du club de Saint-Sulpice, un vieillard de 72 ans, fut amené dans la rue, vêtu de sa robe de chambre, et fusillé. Le sang coula à pleines rigoles dans certaines rues de Paris. On vit pendant plusieurs jours sur la Seine une longue trainée rouge suivant le fil de l'eau, et passant sous la deuxième arche du côté des Tuileries; cette trainée ne discontinuait pas. Pendant plus de dix jours les journaux publièrent une partie spéciale sous la rubrique : Arrestations, Exécutions. Voici comment un d'eux, et non des moins acharnés, raconta la mort de Varlin :

« Dimanche dernier, vers trois heures de l'après-midi, les promeneurs, très-nombreux, ont pu voir, rue Lafayette, l'arrestation de Varlin, membre de la Commune, ex-délégué au ministère des finances.

« Il était assez pauvrement vêtu et était entouré de quatre soldats conduits par un officier, qui venaient de s'emparer de sa personne.

» Après l'avoir fouillé, on lui lia les mains, puis il fut dirigé vers les buttes Montmartre.

» Au moment de son arrestation, il n'y avait que sept ou huit personnes croyant assister à la prise d'un simple fédéré, mais, au même instant. un passant, probablement mieux informé que les autres, s'écria : C'est Varlin! Les personnes présentes à cette exclamation se mirent à la suite des quatre soldats, remplissant dans ce moment les fonctions de gardiens de cet homme, qui n'avait pas craint de coopérer au commencement de la destruction de Paris.

» La foule grossissait de plus en plus, et on arriva avec beaucoup de peine au bas des buttes Montmartre, où le prisonnier fut conduit devant un général dont nous n'avons pu retenir le nom ; alors l'officier de service chargé de cette triste mission, s'avança et causa quelques instants avec le général, qui lui répondit d'une voix basse et grave : *Là, derrière ce mur.*

» Nous n'avions entendu que ces quatre mots et quoique nous doutant de leur signification, nous avons voulu voir jusqu'au bout la fin d'un des acteurs de cet affreux drame que nous avons vu se dérouler devant nos yeux depuis plus de deux mois; mais la vindicte publique en avait décidé autrement. Arrivé à l'endroit désigné, une voix, dont nous n'avons pu reconnaître l'auteur et qui fut immédiatement suivie de beaucoup d'autres, se mit à crier : *Il faut le promener encore, il est trop tôt.* Une voix seule alors ajouta : *Il faut que justice soit faite rue des Rosiers, où ces misérables ont assassiné les généraux Clément Thomas et Lecomte.*

» Le triste cortége alors se remit en marche, suivi par près de deux mille personnes, dont la moitié appartenait à la population de Montmartre.

„ Arrivé rue des Rosiers, l'état-major ayant son quartier général dans cette rue s'opposa à l'exécution.

„ Il fallut donc, toujours suivi de cette foule augmentant à chaque pas, reprendre le chemin des buttes Montmartre. C'était de plus en plus funèbre, car, malgré tous les crimes que cet homme avait pu commettre, il marchait avec tant de fermeté, sachant le sort qui l'attendait depuis plus d'une heure, que l'on arrivait à souffrir d'une aussi longue agonie.

„ Enfin, le voilà arrivé ; on l'adosse au mur, et pendant que l'officier faisait ranger ses hommes, se préparant à commander le feu, le fusil d'un soldat, qui était sans doute mal épaulé, partit, mais le coup rata ; — immédiatement les autres soldats firent feu, et Varlin n'existait plus.

„ Aussitôt après, les soldats, craignant sans doute qu'il ne fût pas mort, se jetèrent sur lui pour l'achever à coups de crosse : mais l'officier leur dit : « Vous voyez bien qu'il est mort : laissez-le. „ (1)

Ainsi la presse réactionnaire fut obligée, tout

(1) *Le Tricolore*, 1er juin.

en l'insultant, de rendre justice à son courage. Mais elle voulut l'entacher dans sa probité, et lui, l'homme probe par excellence, fut accusé d'avoir porté sur lui un demi-million avec lequel il comptait s'enfuir à l'étranger. Mais cette calomnie dut tomber devant le procès-verbal de l'exécution, déclarant qu'on n'avait trouvé qu'un « porte-feuille à son nom, un porte-monnaie contenant 284 fr. 15 c., un canif et une montre en argent. »

Un de ceux qui ont connu Varlin de près, en a tracé un portrait dont nous reconnaissons la parfaite exactitude :

« Varlin fut la personnalité la plus remarquable de la Commune. Cela paraîtra étonnant à beaucoup qui n'ont guère entendu parler de lui. C'est que les journalistes qui renseignent le public ne s'attachent qu'aux apparences et ignorent la plupart du temps tous ceux qui ne se manifestent pas à leur attention par des coups d'éclat. Varlin n'était pas orateur et il ne pouvait être apprécié que par ceux qui le voyaient quotidiennement à l'œuvre; mais il s'expliquait avec concision et en même temps avec clarté, et lorsqu'on avait bien discuté, il suffisait souvent de quelques mots de Varlin pour qu'on se rangeât à son avis.

„ Son activité était prodigieuse. Pendant des années, il se multiplia dans les associations ouvrières; il fut l'âme de toutes les grèves, de toutes les manifestations. Son talent d'organisation se révéla dans toutes les créations auxquelles il prit part. Il avait l'habitude de dire que s'il avait le choix d'une occupation, il voudrait être à la tête d'une grande administration, parce qu'il se sentait des aptitudes à être utile à un pareil poste, et il disait vrai.

„ Il était du reste d'une grande modestie, et ne s'avançait que lorsque cela était indispensable ; c'est ce qui explique comment, ayant beaucoup fait, il avait si peu fait parler de lui. „ (1)

Le mardi 30 mai, dans un coin du cimetière du Père-Lachaise, le long du mur de Charonne, à l'est, on fusilla 147 prisonniers. Un 148me avait rompu les rangs, et il s'était sauvé non loin dans une excavation. Poursuivi, il eut les honneurs d'une exécution spéciale. En même temps des exécutions avaient lieu dans la cour de la maison d'arrêt de Cherche-Midi.

(1) *La Liberté*, de Bruxelles. — Rendons hommage à ce journal socialiste le seul qui ait défendu en Belgique la cause de la Commune. Le journalisme a rarement uni une aussi grande éloquence à une telle vigueur d'argumentation.

D'affreux assassinats se commettaient dans beaucoup de quartiers, sous le prétexte qu'on avait empoisonné les soldats. Il arrivait souvent aux lignards de se faire servir à boire tout suants et échauffés. La fraîcheur les saisissait et quelquefois ils tombaient évanouis. Aussitôt leurs camarades les déclaraient empoisonnés, et fusillaient *illico* les débitants et toute leur famille.

La presse qui propageait ces fables d'empoisonneurs et de pétroleuses, qui cachait avec soin les détails des exécutions et se gardait bien d'en indiquer le nombre, ne tarissait pas d'éloges sur l'armée.

« Elle s'est admirablement acquittée de sa tâche, disait le *Journal de Paris*; elle a montré une vraie humanité dans l'accomplissement de ses devoirs. »

« Quelle admirable attitude que celle de nos officiers et de nos soldats! disait le *Figaro*. Il n'est donné qu'au soldat français de se relever si vite et si bien. »

« Tout le monde a été frappé de l'attitude pleine de calme et de dignité conservée par les troupes au milieu des fureurs de cette affreuse lutte, disait le *Siècle* du 28 mai. » (1)

1 Mais deux jours après, *le Siècle* signalait avec

Répondant au *Times* qui, bien informé par ses correspondants, accusait les soldats de sauvagerie, l'*Opinion nationale* disait : « Paris est là tout entier pour attester l'excellente attitude, la discipline exemplaire de nos soldats et leur modération après la lutte. »

La *Cloche* racontait ainsi l'exécution d'un maréchal des logis de la Commune : « Dutil comprit si bien la gravité de sa position, que sur la place de l'Europe, tandis qu'on le conduisait à la place militaire, il tenta de s'enfuir. Il n'avait pas fait trois pas qu'il était renversé par une balle partie du revolver du chef de l'escorte, le capitaine Hamot, du 5me bataillon de la garde mobile de Seine-et-Oise. Il fut immédiatement achevé par deux soldats.

« Cette opération, conduite avec autant d'activité que d'énergie, *fait le plus grand honneur au lieutenant-colonel de Lyoën.* »

La *Liberté* rapportait avec attendrissement que les soldats du 29me de ligne avaient adopté les deux petits enfants d'un fédéré qu'ils avaient fusillé place du Trône. Les orphelins, ajoute le

indignation la conduite d'un officier, qui s'était fait remettre par une marchande un certain nombre de numéros du *Siecle* et les avait lacérés en plein boulevard. « *sans les payer !!* »

journal, « ont endossé l'habit militaire et seront désormais les fils du 29me de ligne » .... qui avait assassiné leur père !

Les soldats, ainsi encouragés, s'ébattaient à leur aise. Les officiers s'étaient emparés des rues, insolents, l'œil provocateur, faisant résonner leurs sabres. Ils encombraient les trottoirs des cafés et les restaurants, bruyants, rieurs, grossiers, entourés de filles (1). Dans un hôtel de la rue Paul Lelong, quatre officiers de ligne requirent des femmes publiques, et firent un tel vacarme pendant plusieurs jours, que, malgré la terreur qu'ils inspiraient, les habitants du quartier demandèrent leur éloignement.

Paris vécut ainsi pendant plus de dix jours dans la fusillade, et les gens de l'ordre s'en délectèrent. Tel fut du moins le témoignage de leurs journaux.

« Une épouse inconsolable fait des reproches à son époux.

» — Tu n'es pas gentil !... Comment, tu vas voir fusiller et tu ne m'emmènes pas !

» — Qu'est-ce que vous voulez voir ? dit la mère à ses filles : les ruines ou les cadavres ?

(1) Il fallut un ordre du jour spécial pour interdire aux officiers de paraître en uniforme avec des filles publiques.

» — Oh ! les deux, petite mère ! les deux.

» — Alors, voilà ce que nous allons faire : nous irons d'abord où sont les morts ; nous déjeunerons n'importe comment...

» — Nous emporterons un morceau de pain.

» — Et si je ne suis pas trop fatiguée, nous irons voir les incendies pour notre dessert.

» Et les fillettes battent des mains. » (1).

Filles et femmes du peuple, mortes si héroïquement pour la Commune, c'étaient vos cadavres que ces femmes allaient contempler. Et vous n'eûtes d'autre épitaphe que ce mot de M. Dumas fils : « Nous ne dirons rien de ces femelles par respect pour les femmes à qui elles ressemblent quand elles sont mortes. »

Si l'on veut apprécier le degré d'immoralité, l'absence de toute pudeur, qui caractérisaient cette haute société *versaillaise*, qu'on lise cet extrait du *Français*, journal ultra-conservateur :

« Sur le chemin de halage, le long de la Seine, étaient étendus une cinquantaine de cadavres d'insurgés, les uns nus, les autres couverts de haillons. Des ouvriers enlevaient le pavé pour les enterrer. Sur le parapet, une

(1) *Paris-Journal*.

foule nombreuse considérait avec insouciance ce dégoûtant spectacle : il y avait là des jeunes filles élégantes et radieuses étalant au soleil leurs ombrelles de printemps. „

Un négociant du boulevard d'Enfer signalait, indigné, aux journaux l'attitude de certains individus vêtus avec élégance qui, pendant qu'on relevait encore les cadavres sur le boulevard Saint-Michel, étaient installés avec des filles à l'intérieur et à la porte des cafés des boulevards, se livrant avec celles-ci à des rires scandaleux.

Enfin, cette odeur de carnage saisit à la gorge les plus frénétiques. Les journaux qui avaient prêché le massacre, s'épouvantèrent de leur œuvre. “ NE TUONS PLUS, s'écria le *Paris-Journal* du 2 juin, même les assassins, même les incendiaires. NE TUONS PLUS. Ce n'est pas leur grâce que nous demandons, c'est un sursis. „

Et plus loin : “ La foule, de plus en plus avide de pareils spectacles (les exécutions), se bouscule. Qu'on y prenne garde !... il ne serait que trop facile de nous familiariser avec le meurtre. „

“ ASSEZ D'EXÉCUTIONS, ASSEZ DE SANG, ASSEZ DE VICTIMES ! s'écrie le *National*, du 1er juin. Il y a parmi cette foule bariolée de prisonniers tant d'ignorance, tant d'abrutissement, tant d'alcool, qu'il ne peut y avoir une grande place pour la responsabilité. »

« Le moment est venu, dit *le Temps*, de distinguer entre les partisans aveugles, les simples soldats et les chefs. »

« A côté des droits de la justice, dit *l'Opinion nationale*, du 1er juin, on demande un examen sérieux des inculpés. *On voudrait ne voir mourir que les vrais coupables.* »

Qu'on ne se méprenne pas sur ces appels à la pitié : ils cachaient la peur de la peste. Depuis quelques jours, la voie publique était couverte de martinets morts. Cette espèce d'hirondelle se nourrit exclusivement d'insectes et surtout de mouches. Or, les nombreux cadavres, gisant abandonnés dans Paris avaient, en multipliant les mouches charbonneuses, déterminé cette épidémie. Les journaux s'alarmèrent. « Il ne faut pas, disait l'un d'eux, que ces misérables, qui nous ont fait tant de mal de leur vivant, puissent encore nous en faire après leur mort. »

La gloire de Mac-Mahon le découvrait trop. Des journaux naïfs avaient demandé qu'on publiât les noms des gens fusillés, comme si les cours martiales avaient tenu registre! Leur nombre se révéla par l'infection de l'atmosphère. Sans compter les victimes des cours martiales, il y avait peu de terrains vagues ou de maisons de construction dans Paris, qui ne continssent des cadavres jetés pêle-mêle les uns sur les autres. Au fur et à mesure des exécutions, on avait enterré sur place. Tout le long des quais, des morts étaient enfouis. Au square de la tour Saint-Jacques, plus de douze cents des fusillés de la caserne Lobau avaient été provisoirement enterrés. Aux buttes Chaumont, dans la pièce d'eau alimentée par la grande cascade, on avait noyé trois cents cadavres qu'on n'avait pas eu le temps d'enterrer. De même au parc Monceaux. Dans les jardins de l'École polytechnique, sur une étendue de cent mètres il y avait une rangée de cadavres de trois mètres de hauteur. Devant l'esplanade des Invalides, un grand nombre de corps n'avaient été que très-superficiellement recouverts de terre ; ils exhalaient une insupportable odeur. Dans le faubourg Saint-Antoine, on en trouvait « partout, en tas, comme les ordures, » disait un journal de l'ordre. Ainsi aux casemates, tout autour de Paris, aux bastions et dans les forts.

Il fallait se hâter de faire disparaître ces

foyers d'infection. Les cadavres exhumés furent transportés en général dans les cimetières hors de Paris. Près du fort d'Ivry, on utilisa les tranchées creusées pendant le siége. Les fourgons de l'armée s'y succédèrent sans relâche chargés de leurs lugubres fardeaux. D'autres fourgons pleins de chaux suivaient, et les tranchées se remplissaient ainsi peu à peu de cadavres et de chaux. A Charonne et à Bagnolet, on enterra dans de grands fossés, sur un lit de chaux vive, les fédérés tués dans le quartier Popincourt, à Belleville et aux environs de la Roquette. Les tranchées furent recouvertes d'une épaisse couche de terre. « Rien à craindre des émanations cadavériques, dit un journal de l'ordre. *Un sang impur abreuvera en le fécondant le sillon du laboureur.* » Tous les soirs un grand nombre de tombereaux, chargés de cadavres de gardes nationaux, étaient dirigés sur Versailles, où ils entraient la nuit. Mais beaucoup de corps ne purent être transportés et il fallut les enfouir à Paris même. Ainsi, quand on exhuma ceux qui avaient été déposés dans les terrains de l'usine à gaz et parmi lesquels il y avait un grand nombre de femmes, on trouva le tout dans un état de décomposition très-avancée. Les vêtements étaient en lambeaux et déjà putréfiés ou mangés par la vermine du cadavre. Ces débris, enfermés dans des wagons clos comme pour les apports de l'amphithéâtre, furent conduits à grande vitesse au cimetière Montparnasse, où d'immenses trous attendaient toute cette pourriture. Les fusillés du Luxembourg furent amenés au même cimetière, entassés dans des charrettes et des omnibus. A travers les fenêtres de ces voitures, on voyait passer des bras et des pieds. Des fosses de dix mètres carrés et de la même profondeur avaient été creusées. De nombreux ouvriers plaçaient les cadavres vingt par vingt et les recouvraient de chaux ou de goudron et ensuite de terre. Les fédérés, rangés côte à côte, n'avaient d'autre linceul que leurs habits de gardes nationaux. De pauvres femmes, debout sur le bord de la lugubre tranchée, accablées de douleur, cherchaient à reconnaître les corps. Quelques-unes portaient des couronnes d'immortelles, sur lesquelles on lisait une date : *Mai 1871*, et cette seule inscription : *A mon mari* ou *A mon enfant*. Dans le commencement, les soldats les repoussèrent, mais bientôt on donna l'ordre de les laisser approcher, afin que leur douleur les trahissant, on pût arrêter « ces femelles d'insurgés. » Il n'appartenait qu'au parti de l'ordre de transformer les tombes en souricières (1).

On vit par ces exhumations qu'un grand nombre de fédérés avaient été enterrés vivants. Au square Saint-Jacques, où les ensevelissements avaient été, comme partout, très-hâtivement faits et souvent aux heures nocturnes, on avait vu des bras qui sortaient de terre. Là, comme au cimetière Montparnasse, aux environs du Père-Lachaise, au cimetière Montmartre et plus particulièrement au cimetière qui avoisine le Trocadéro, des victimes incomplétement tuées et jetées avec l'amas des morts dans les fosses communes, avaient lutté dans la terre et conservaient encore les torsions horribles de leur violente agonie. La nuit on avait entendu leurs cris et leurs gémissements que couvraient les bruits du jour.

L'inhumation d'un si grand nombre de cadavres était impossible. Il fallut trouver un procédé plus rapide. On agita un instant la question de

(1) Encore quatre mois après, les agents de l'autorité renversaient les monuments funèbres élevés par les familles à la mémoire des gardes nationaux, arrêtaient les personnes occupées à les relever et empêchaient les parents d'apporter des souvenirs et des fleurs sur les tombes.

créer à Vanves, au-delà du fort, un cimetière spécial, séparé en deux parties, l'une pour les défenseurs de l'ordre, l'autre pour les fédérés. « Le délégué à la guerre, disait M. de Girardin, pourra, comme Napoléon, passer ses fidèles en revue à l'heure de minuit. Le mot d'ordre sera incendie et assassinat. » Mais on s'arrêta à l'idée de la crémation.

Il y avait de copieux amas de cadavres à tous les bastions. On se rappelle que, lors de l'entrée de l'armée à Paris, les fédérés qui occupaient ces postes avaient été surpris par derrière. Ils furent comme de juste fusillés, sur place. On imagina de bourrer de leur corps, les innombrables casemates construites tout le long des fortifications. Une quantité considérable de cadavres de la banlieue fut adjointe à ce premier rassemblement. On amena également un grand nombre de cadavres de l'intérieur de Paris. Quand une casemate était bondée, on la murait avec des pierres, des sacs pleins de terre, des gabions, et on passait à la suivante. Des sentinelles furent placées avec des consignes très-rigoureuses auprès de ces cimetières improvisés, qu'on voulait cacher aux populations; mais l'odeur nauséabonde qui s'en exhalait, malgré toutes ces précautions hâtives, trahit bientôt l'existence de ces charniers. On dut au plus vite dégager des issues aux deux extrémités basses, pratiquer à la partie supérieure des orifices qui servirent de cheminées, répandre des matières incendiaires et désinfectantes, comme le goudron, et mettre le feu. La combustion dura plusieurs jours. Mais l'incinération fut incomplète, et quand ces chaudières furent découvertes on trouva les chairs réduites à l'état de bouillie.

L'incinération se pratiquait également aux buttes Chaumont. On voyait des colonnes de fumées s'élevant au milieu des massifs. C'étaient les corps des fédérés, entassés en piles énormes, qu'on brûlait après les avoir inondés de pétrole. Quelques hommes allaient et venaient, attisant le feu. Le parc resta longtemps fermé.

Longtemps encore, des drames mystérieux se passèrent au bois de Boulogne. Dans les premiers jours de juin un journal publia la note suivante :

« Le bois de Boulogne est entièrement interdit à la circulation. Il est défendu d'y entrer à moins d'être accompagné d'un peloton de soldats — et encore bien plus d'en sortir.

„ C'est au bois de Boulogne que seront exé

cutés, à l'avenir, les gens condamnés à la peine de mort par la cour martiale.

„ Toutes les fois que le nombre des condamnés dépassera dix hommes, on remplacera par une mitrailleuse le peloton d'exécution. „

Huit jours après seulement, vers le 16 juin, le *Journal Officiel* déclarait que tout journal qui reproduirait cette note serait poursuivi. Mais il n'osait la démentir. Quoi qu'il en fût, à cette époque des mitraillades sans nombre avaient été opérées par l'armée de Paris. Nous ne prétendons pas que ce mode d'exécution eût été délibéré en conseil des ministres, mais autorisé ou non, l'armée l'avait largement pratiqué. Si nous insistons sur ce détail, c'est qu'il donne la mesure de la quantité des exécutions.

Jamais on ne connaîtra le nombre des victimes de cette semaine sanglante, ouverte par le concert des Tuileries, close, heure pour heure, le dimanche suivant, par la fusillade des derniers fédérés de Belleville. — Les jours suivants ne furent pas exempts de massacres. Le 19 juin, on exécutait encore 15 fédérés au cimetière Montparnasse. — Dans les cercles officiels, on estimait à vingt mille le nombre des personnes tuées ou fusillées. Des officiers ont donné cette évaluation comme très-vraisemblablement juste. Sur ce nombre, un cinquième au plus furent frappés par les projectiles durant le combat.

Après les tueries devaient venir les bénédictions des prêtres ; c'est dans l'ordre. Le 27 mai, l'Assemblée nationale était invitée par son président à assister le lendemain 28 mai, jour de la Pentecôte, à des prières publiques solennelles. Pendant que les oraisons des députés montaient vers le dieu des armées, les fusillades sans fin de Paris célébraient aussi la Pentecôte du prolétariat.

Enfin, on lut dans tous les journaux :

« Dimanche 4 juin 1871, fête de la Très-Sainte Trinité, une quête aura lieu à tous les offices de ce jour en faveur des orphelins de la guerre.

» Cette quête sera faite à la grand'messe et aux vêpres par Mme Thiers, présidente de l'œuvre, et par la maréchale de Mac-Mahon, vice-présidente. »

Ces dames quêtant pour les orphelins que leurs maris venaient de faire !

CHAPITRE VIII.

Les razzias. — Les prisonniers à genoux. — Pleins pouvoirs sur les prisonniers. — Les femmes. — Les convois. — La populace gantée. — Malheur à la pitié! — Le camp de Satory. — Le nouveau bois de Boulogne. — L'Orangerie. — Les prisonniers sont évacués sur les ports de mer. — Les pontons. — Elisée Reclus. — Les méprises. — Arrestations. — Les sergents-majors. — Les médecins. — Perquisitions. — La chasse au chien dans les catacombes. — Battues dans les bois. — Les gares. — Nombre des dénonciations. — Les concierges. — Les bourgeois amateurs. — Les listes d'épuration. — Dénonciations des journaux. — M. Hortus. — Arrestation de Pascal Grousset, de Trinquet, de Courbet. — M. Dumas fils. — Le conseil municipal d'Ornans. — Evasion de quelques membres de la Commune. — Rossel. — Cent mille électeurs de moins. — Les dents d'insurgés. — Surexcitation dans certains quartiers. — L'industrie parisienne est décapitée. — La gauche.

Heureux les morts! ils n'eurent point à gravir le calvaire des prisonniers.

Ici nous ne sommes plus témoin, et nous ne pouvions plus l'être. Mais ce sont les Versaillais, les vainqueurs, qui vont eux-memes déposer. Leur haine a pu défigurer les prisonniers, elle n'enlève rien à leur sincérité quand ils parlent des cruautés que ces malheureux subirent. On ne peut admettre qu'ils aient voulu se calomnier eux-mêmes. L'histoire se fera sur leurs témoignages, et nous nous contentons d'assembler leurs récits.

Des razzias énormes avaient été opérées par l'armée, au fur et à mesure de l'occupation des quartiers. Quand les fusillades avaient lieu en masse, qu'on juge des arrestations. Parfois on emmenait en bloc tous les locataires d'une maison, parfois on cernait une rue entière, et l'on retenait tous les passants. Des armes cachées, des revolvers qu'on n'avait pas encore rapportés, une suspicion plus ou moins motivée, une parole malencontreusement prononcée, une attitude mal interprétée, suffisaient pour qu'on fût chassé à coups de crosse devant les soldats. Des visites domiciliaires avaient lieu au milieu de la nuit; et la troupe, qui suivant sa consigne doit dans tous les cas rapporter *poil ou plume*, emmenait indifféremment et sans même les interroger femmes, jeunes gens, vieillards. Plus de 40,000 prisonniers furent ainsi ramassés du 22 au 30 mai. Ils ne séjournaient que quelques heures à Paris, puis on les acheminait sur Versailles. La foule se précipitait pour les voir passer.

Ils avançaient, souillés d'ordures, les vêtements en lambeaux, exténués, tête nue sous un soleil ardent, attachés cinq par cinq aux poignets par des cordes au milieu des soldats, chassepot armé. Une corde longitudinale reliait entre elles toutes les cordes transversales des groupes, de façon que tous les prisonniers étaient attachés en bloc. Une évasion était ainsi impossible, et il suffisait d'un peloton pour conduire un convoi assez nombreux (1).

« Tout le monde court du côté des Champs-Élysées, disait le *Paris-Journal*. Quatre mille prisonniers stationnent sur le milieu de la chaussée, encadrés par des chasseurs d'Afrique, la carabine au poing. Ils regardent, farouches, silencieux, immobiles, fiers d'être haïs à ce point de la foule qui se démène et les injurie. »

Les commandants des détachements avaient pleins pouvoirs. Un convoi de prisonniers attachés dix par dix passait rue d'Amsterdam. Une fantaisie traversa la tête de l'officier : il commanda une

(1) *Le Nord*.

halte et ordonna à ces malheureux *de se mettre à genoux*. Pendant ce temps, une tourbe infâme les couvrait d'injures et criait : « Fusillez-les ! » Le moindre signe d'opposition de la part des prisonniers entraînait la peine de mort immédiate ; ils étaient abattus sur le chemin, surtout à coups de revolver. Près du parc Monceaux, on expédia ainsi un couple, mari et femme. La femme refusait de marcher, demandant qu'on la fusillât sur-le-champ. On lui tira vingt coups de revolver, mais elle ne tomba morte qu'à la seconde décharge.

Le correspondant du *Times* vit au coin de la rue de la Paix, un prisonnier s'asseoir et refuser d'aller plus loin. Après plusieurs essais pour le contraindre, un soldat, perdant toute patience, le piqua à deux reprises de sa baïonnette, en lui ordonnant de se lever et de reprendre sa marche avec les autres. Comme on devait s'y attendre, il ne bougea pas. Alors on le saisit, on le mit sur un cheval. Il se laissa tomber. On l'attacha à la queue de l'animal qui le traîna, et il s'évanouit à force de perdre du sang. Réduit enfin à l'impuissance, il fut lié sur un wagon d'ambulance et emmené au milieu des cris et des malédictions des bourgeois.

Au boulevard des Italiens, un cortege de 500

prisonniers des buttes Chaumont passait, allant à Versailles. Dans le nombre se trouvaient plusieurs femmes. On avait mis les menottes à quelques-unes. Celle-ci portait un bébé sur le dos; une avait le bras en écharpe; la chemisette d'une autre était teinte de sang; toutes étaient épuisées. Elles faillirent être écharpées par les défenseurs de la famille; et cependant, dit le correspondant versaillais qui rapporte ce fait, « elles conservaient un air de dignité et ne paraissaient nullement appartenir au genre de femmes que l'on met à Saint-Lazare. » Car les journaux ne manquaient pas de raconter que la plupart des prisonnières appartenaient à la prostitution.

« En voyant passer les convois des femmes insurgées, disait le *Figaro*, on se sent malgré soi pris d'une sorte de pitié... On croit devoir tenir compte de l'exaltation des femmes dont le père, le frère, le mari ou l'amant a succombé dans la lutte.

» Qu'on se rassure en pensant que toutes les maisons de tolérance de la capitale ont été ouvertes par les gardes nationaux communeux, qui les protégeaient (1), et qu'il résulte des in-

(1) On sait que sous la Commune plusieurs admi-

terrogatoires faits à Versailles que la plupart de ces dames étaient des locataires de ces établissements. „

Les journaux étrangers, naturellement mis sous le boisseau par la presse française, rendaient au contraire hommage à la dignité des prisonnières. « J'ai vu, disait l'un d'entre eux, une jeune fille habillée en garde national, marchant la tête haute parmi des prisonniers qui avaient les yeux baissés. Cette femme, grande, ses longs cheveux blonds flottant sur ses épaules, défiait tout le monde du regard. La foule l'accablait de ses outrages elle ne sourcillait pas et faisait rougir les hommes par son stoïcisme. Si la nation française ne se composait que de femmes, quelle terrible nation ce serait! „

C'est que, depuis deux mois, dans Paris abandonné par les courtisanes, la vraie Parisienne était apparue, forte, dévouée, héroïque, comme les femmes de l'antiquité. On avait vu ces filles et ces femmes du peuple traverser les balles pour aller relever les blessés, porter le pain aux

nistrateurs firent fermer les maisons de tolérance de leurs arrondissements, notamment dans le IIme, et interdirent absolument aux femmes publiques l'accès des trottoirs.

tranchées et la consolation aux mourants, puis au jour du désastre quand tout sembla perdu, s'élancer au devant de la mort libératrice, comme leurs ancêtres,

Désespérées de mettre au jour des malheureux.

On avait vu à ces enterrements prodigieux de la Commune — quand, sur les boulevards, *Voie sacrée* de la Révolution, les catafalques aux trente cercueils, drapés de rouge, en longue file, flottaient silencieusement au-dessus de cent mille têtes nues, annoncés de loin en loin par le roulement lugubre des tambours noirs et les musiques sourdes éclatant par intervalles comme l'explosion involontaire d'une douleur trop contenue — on avait vu, droites et stoïques, les veuves d'aujourd'hui, soutenues par celles de demain, ces nobles Parisiennes suivre du même pas, sans larmes, les bataillons aux fusils renversés. — Et les plus incrédules comprirent alors que la Révolution était à tout jamais assise au foyer. Quand le général de la Commune Duval vint à la tête de ses troupes s'emparer de la mairie du 1er arrondissement, gardée par les gens de *l'ordre,* il leur dit ce grand mot qui fit tomber leurs armes : « *Croyez-moi, vous ne pouvez tenir. Toutes vos femmes sont en larmes et les nôtres ne pleurent pas.* »

Dès que les convois était signalés sur la route de Paris ou sur celle de Saint-Cloud, des milliers de personnes accouraient de tous les côtés. Qu'on se figure, disaient les journaux conservateurs, des troupeaux haletants, poudreux, composés de milliers de personnes mêlées de beaucoup de femmes, les unes en haillons, les autres en blouse, la plupart en uniforme de gardes nationaux, de zouaves, de garibaldiens ou de volontaires. Les soldats qui, au 18 mars, s'étaient rangés du côté du peuple, marchaient les mains liées, la capote retournée. Ceux-ci, le sac au dos avec le bidon, ceux-là chargés d'habits ou de valises, fatigués, couverts de sueur, presque insensibles aux huées de cette foule qui les appelait assassins et bandits. La plupart appartenaient à la classe ouvrière et aux rudes métiers de la carrière, de forgeron, de mécanicien, de fondeur, de maçon ou de charpentier ; d'autres aux professions essentiellement parisiennes de peintre, imprimeur, etc. Des gamins, presque des enfants, de douze à seize ans, marchaient au milieu d'hommes à tête et à barbe blanches qui étaient en grand nombre. Ceux-là se traînaient à peine, se cramponnant au bras de leurs voisins plus vigoureux. Quand l'un d'eux venait à tomber, on le plaçait sur une des charrettes qui suivaient le convoi, à moins cependant qu'il ne fût lié à d'autres prisonniers, et ceux qui le soutenaient étaient dans ce cas forcés de le traîner râlant jusqu'à destination. Les cantinières avaient leur costume. Les autres femmes, hâlées par le soleil, couvertes de caracos d'été, marchaient les unes d'un pas délibéré, les autres accablées et s'appuyant sur le bras de leur mari. Le *Figaro* décrivait ainsi la queue d'un convoi :

« Le *hideux troupeau* est suivi de charrettes. La première attire surtout l'attention de la foule.

» Presque couché sur la première banquette enfoui dans la paille jusqu'aux genoux, mai, redressant le torse et la tête, on distingue un homme jeune encore, brun, et rappelant par son attitude le personnage principal des *Moissonneurs,* de Léopold Robert. Son visage annonce une rare énergie, il regarde la foule avec mépris, lui crie : Lâche ! lâche ! en lui lançant un crachat au détour de l'avenue.

» A ses pieds est couché un homme qui agonise : sa main soubresaute fébrilement, ses jambes s'agitent comme celles d'un homme atteint de la danse de Saint-Guy ; il râle ; il va mourir dans un instant.

„ Sur une autre voiture est étendu un prisonnier qui a voulu s'échapper ; il porte au cou une large plaie béante ; sa tête chauve balance sur sa poitrine, comme si elle était à demi détachée du tronc. C'est horrible à voir.

„ Une cantinière, assise sur la première banquette, insulte à la foule en la menaçant du poing ; ce poing est ensanglanté et a perdu plusieurs doigts dans la lutte de la barricade : un rouge coup de sabre lui traverse la figure.

„ Un dernier peloton de chasseurs ferme la marche, et le *hideux cortége* va rejoindre le premier.

„ On entend un bruit de tambours lointain : une poussière blanche s'élève à l'horizon : c'est un nouveau convoi de prisonniers qu'on nous amène. „

Les honnêtes gens de Versailles couraient comme à une fête au devant de ces chaînes sans fin. Et les dames du meilleur monde ne dédaignaient pas de donner du bout de leurs ombrelles dans le flanc de quelques fédérés. Escortés par les risées et les imprécations de cette populace gantée, ces malheureux traversaient dans toute son étendue la ville de Versailles, toujours tête nue au soleil, et gravissaient la hauteur de Satory. Le correspondant d'un journal clérical belge, disait avoir vu dans le même chariot à fumier un mort, un mourant, un blessé, et la foule criait : « En voilà qui ne donneront pas d'embarras à leur confesseur. » Il ajoutait : « Un avocat distingué, qui n'a pas son pareil pour maudire la Commune, dit qu'il a vu avec dégoût un officier tirer son sabre contre une femme qui tâchait de sortir des rangs, lui faire une large blessure au visage et lui enlever du même coup une portion de l'épaule. » — « En voyant comme volaient les injures, les ricanements, etc. » disait *l'Indépendance Belge*, « je ne pouvais m'empêcher de penser que si quelqu'un s'en fût permis autant, quand, il y a quatre mois, passaient dans une de nos villes des prisonniers prussiens, il n'y aurait eu qu'un cri de réprobation dans la foule.

» Quoi qu'il en soit, ce spectacle fait mal. Aux portes de la ville, on force les prisonniers à se découvrir : « Allons ! canaille ! chapeaux bas devant les honnêtes gens ! » Quelques-uns résistent : alors le bout d'une canne fait tomber à terre leur képi. »

Malheur à qui laissait échapper une parole

de commisération. Sur la place d'Armes, deux rédacteurs des journaux les plus enragés de Versailles, écœurés à la fin de tant d'ignominies, voulurent élever la voix, faire respecter les vaincus. Immédiatement entourés, bousculés, maltraités, on les saisit et ce fut à grand'peine qu'ils purent être conduits au poste sans être mis en lambeaux. A Paris, beaucoup de personnes qui avaient manifesté sur le passage des prisonniers des sentiments de commisération, furent arrêtées et souvent jointes aux convois. L'arrestation de Rochefort n'avait pas été moins odieuse. « De tous côtés, disait *le Français*, on entendait les cris : « A mort ! à mort ! » Près de la porte de la prison, un spectateur ayant crié : « A la lanterne ! » ce cri fut immédiatement répété par toute la foule ! »

Et voilà ces civilisés de Versailles qui devaient faire rentrer la France dans la voie de la civilisation ! Combien, malgré les souffrances affreuses de deux mois de siége, ces *brigands* de Paris furent bons et humains à côté de ces *honnêtes gens !* Quand a-t-on insulté un prisonnier dans le Paris de la Commune ? Quand peut-on citer une seule scène semblable aux sauvageries qui journellement se produisaient à Versailles ? Quel coin obscur de la Conciergerie a caché la millième partie des tortures qui s'étalaient en plein soleil au camp de Satory ?

« Ils sont là, disait *l'Indépendance française,* plusieurs milliers, empoisonnés de crasse et de vermine, infectant à un kilomètre à la ronde.

» Des canons sont braqués sur ces misérables, parqués comme des bêtes fauves.

» Les habitants de Paris craignent l'épidémie résultant de l'enfouissement des insurgés tués dans la ville; ceux que l'*Officiel* de Paris appelait les ruraux craignent bien davantage l'épidémie résultant de la présence des insurgés vivants au camp de Satory. »

On les avait jetés là, en plein air, tête découverte; ils couchaient dans la boue, n'ayant d'autre nourriture que du biscuit gâté et de l'eau infecte puisée à une mare dans laquelle les gardiens ne se gênaient pas pour faire leurs ordures. Les premières nuits furent très-froides, il plut beaucoup. Dans celle du vendredi 26, dix-sept d'entre eux moururent.

Le grand mur d'enceinte du camp était crénelé. Par des trous de distance en distance passait la bouche des mitrailleuses, qu'on avait eu soin auparavant de faire défiler devant les prisonniers. Des deux côtés de la porte centrale, des chasseurs à cheval faisaient la haie, le sabre au poing. — Il arriva que les soldats, pris de panique ou de rage, déchargèrent leurs chassepots dans le tas. Dans la nuit du 25 au 26 mai, il y eut une sorte d'émeute, ou du moins les gardiens l'affirmèrent. Trois cents prisonniers furent passés par les armes. Amenés au bord d'une fosse garnie de paille ils y furent précipités à coups de fusil, puis on arrosa le tout de pétrole et on mit le feu. Beaucoup n'étaient pas morts. Il y eut des hurlements épouvantables. A de certaines heures, ordre était donné à tous de se lever, de se coucher sur le côté gauche ou sur le côté droit, et toute infraction à ce commandement était suivie de coups de revolver.

Les journaux ne tarissaient pas sur la *mine ignoble* des prisonniers. « Ces êtres sont hideux, » disait *Paris-Journal*. « Toutes ces faces sont hargneuses, bilieuses, renfrognées » (*Figaro*). «Visages patibulaires (*la France*). « Chienlits maquillés de sang et de poudre, qui volaient à jeun et tuaient après dîner » disait un autre. Ces messieurs trouvaient étonnant que des gens qu'on couche dans la boue et en plein air, dont on fusille de temps en temps quelques centaines, n'eussent pas la mine fleurie d'un rédacteur versaillais. Et flétrir la mauvaise et triste mine de ces pauvres gens, voilà tout ce que cet odieux spectacle leur inspirait !

Le camp de Satory devint, comme la route de Versailles, le but de promenade de *la bonne compagnie*. Les officiers en faisaient les honneurs aux dames, aux députés, aux fonctionnaires, leur montraient les *sujets*, au besoin les prêtaient à M. Dumas fils, pour qu'il pût commencer *in animâ vili* ses études sur la question sociale.

En général, les prisonniers, avant d'être envoyés à Satory, séjournaient quelque temps dans l'Orangerie de Versailles, entassés dans ces immenses serres, pêle-mêle, sans paille dans les premiers jours. Quand ils en eurent, elle fut bien vite réduite en fumier, on ne la renouvela plus. — Pas d'eau pour se laver, nul linge, nul moyen de changer ses guenilles. Deux fois par jour, dans une auge, un liquide jaunâtre, — c'était la pâtée. — Pas de médecins. Il y avait des blessés, la gangrène les rongea ; des ophthalmies se déclarèrent. — Les cas de folie furent nombreux. — Derrière les grilles s'entassaient les femmes ; les filles des prisonniers, hébêtées, affolées, s'efforçant de distinguer un être cher dans ce troupeau vaguement entrevu dans l'ombre, derrière les caisses d'orangers rangées en palissade.

Ces malheureuses s'arrachaient les cheveux de désespoir, grondaient sourdement contre les soldats qui, le chassepot chargé, regardaient menaçants.

De temps en temps, une sorte de magistrat instructeur arrivait, faisait appeler les détenus, qui étaient conduits devant lui par escouades de dix, les menottes aux mains, et accompagnés tantôt par des sergents de ville, tantôt par un peloton de soldats. — Instruction dérisoire! Comment d'ailleurs, par quel témoignage arriver à constituer le dossier de quarante mille prisonniers? — On n'y songeait même pas.

Bientôt le camp, quoique immense, fut encombré et l'on dut évacuer les victimes. Dès le 26, on les dirigea sur les ports de mer. On les enfermait dans des wagons à bétail solidement cadenassés, sans autres ouvertures que quelques trous à air, et ils y restaient souvent *trente-deux heures*. Entre les différents wagons on en intercalait un, composé de sergents de ville, munis de chassepots et de revolvers. A la Ferté-Bernard, le train avait dépassé la gare de 200 mètres, quand des cris partirent de plusieurs wagons; les prisonniers étouffaient. Le chef de l'escorte fit arrêter le convoi, les agents descendirent et déchargèrent leurs revolvers à travers les trous à air. Le silence se fit.... et les cercueils roulants repartirent à toute vapeur.

A Brest et à Cherbourg, les prisonniers furent répartis sur de vieux vaisseaux embossés en rade, chacun de ces bâtiments contenant environ mille prisonniers. Depuis la cale jusqu'au pont, dit un témoin oculaire (1), ils sont — (ils sont encore après quatre mois!) — empilés dans des parcs formés par des madriers comme dans de grandes caisses d'emballage. Les sabords cloués ne laissent passer qu'un filet de lumière. Nulle ventilation. L'infection est horrible. La vermine y grouille. Il y a des blessés : pas de médicaments, pas d'ambulances; rien.

« Les malheureux, inconnus,—car on n'a pas la liste de leurs noms, on ne s'est pas occupé de leur identité (2),— restent là, entassés dans leurs cages, gardés par des canons chargés à mitraille, enfermés entre d'énormes grilles de fer, plus misérables que les nègres à bord d'un navire faisant la traite. »

(1) Muller. *Droits de l'Homme*, — Montpellier.

(2) A Oléron, M. Muller ayant demandé des renseignements au commandant du port, celui-ci répondit : « Il n'y a pas de capitaine rapporteur, il n'y a pas de listes, et quant à moi, *depuis que j'ai gagné un pou en allant les inspecter, je ne m'en occupe plus.* »

Tout matelot que l'on surprend causant avec eux est passible de mort. Les sentinelles qui veillent aux entre-ponts ont ordre de tirer sur les détenus s'ils s'approchaient du grillage des sabords.

Leur nourriture est ainsi composée : à cinq heures du matin, un biscuit ; à midi, du pain et des haricots ; à six heures, un biscuit et des haricots. Pas de vin, pas de tabac. Les envois ne parviennent point.

Voici les noms des navires transformés en pontons, sur lesquels sont placés les fédérés : — à Brest : *Fontenoy*, *Napoléon*, *Austerlitz*, *Breslau*, *Duguay-Trouin*, *Ville de Bordeaux*, *Ville de Lyon*, *Aube*, *Marne*, *Yonne* et *Hermionne* ; — à Cherbourg : *la Ville de Nantes*, *le Tage*, *le Tourville*, *le Calvados*, *la Garonne*, *le Bayard*.

D'autres, jetés dans les forts, y ont retrouvé les premiers fédérés pris dans la sortie du 4 avril. Parmi tant de vaillants défenseurs de la liberté, qu'il nous soit permis de signaler Élisée Reclus, un des géographes les plus estimés de notre pays. Dès les premiers jours de la Commune, il s'enrôla dans les compagnies de marche. Fait prisonnier le 4 avril, amené à Versailles, un misérable de cette foule ignoble qui insultait les vaincus s'acharna plus particulièrement sur lui, le frappa. En ce moment, un de ses collaborateurs de la *Revue des Deux Mondes* le reconnut et courut prévenir M. Thiers. Peu après M. Barthélemy Saint-Hilaire fut dépêché vers Élisée Reclus et lui fit comprendre qu'il lui suffisait, pour être libre, d'exprimer un regret, de dire qu'il avait cédé à un entraînement. Élisée Reclus refusa. On le pressa de nouveau ; on le pria. — Il répondit qu'il avait obéi à sa conscience, qu'il agirait encore de même, et qu'il entendait partager le sort de ses camarades. Peu après, il partit avec eux pour Brest. Il a trouvé dans son cœur le moyen de les soutenir de mille manières, les encourageant, organisant dans le fort des cours, des conférences, partageant ses ressources et son espérance avec eux.

On devine quelles méprises eurent lieu dans ces razzias gigantesques. Un négociant appelé Vaillant, signalé comme étant le membre de la Commune de ce nom, fut conduit enchaîné au camp, malgré les protestations de sa famille et de ses voisins. En route, les soldats tirèrent sur les prisonniers et faillirent le tuer. A Satory, il était depuis vingt et une heures dans la boue et dans la pluie du camp, lorsqu'il put se faire reconnaître d'une personne qui accompagnait un officier supérieur. Des femmes de ce beau monde qui allait voir en riant les cadavres des fédérés, furent englobées dans des razzias de rue et emmenées à Satory, où au bout de quelques jours, les vêtements en lambeaux, rongées de vermine, elles figurèrent très-convenablement les pétroleuses imaginées par les journaux de leurs amis (1). Quant au peuple et à la classe moyenne, ils fournirent des victimes par milliers.

Les arrestations se faisaient à l'aveugle, par grands coups de filets. Ainsi le personnel entier de certains journaux, rédacteurs, employés, gagistes, compositeurs, étaient enlevés à la fois. M. Quentin, ancien rédacteur du *Réveil*, qui depuis le 18 mars s'en était publiquement séparé et qui n'avait joué aucun rôle sous la Commune, fut arrêté ainsi que M. Ulysse Parent. Ce dernier, nommé membre de la Commune, avait le 6 avril donné sa démission ; on affecta de le confondre avec le colonel Parent. L'ancien préfet de Saône-et-Loire, M. Frédéric Morin (2), fut appréhendé par un officier qu'il avait fait arrêter à Mâcon, et faillit être fusillé. On rechercha activement tous ceux qui avaient oc-

(1) Voir l'appendice. Note 5.
(2) Voir l'appendice. Note 6.

cupé même la plus humble fonction sous la Commune. Toutes les personnes qui, par leur situation ou leur autorité, soit dans les clubs, soit dans la presse, avaient de près ou de loin participé à la Révolution du 18 mars furent arrêtées. Quand les soldats ne trouvaient point l'inculpé, ils emmenaient sa femme, ses enfants, son domestique, et quelquefois le concierge, le propriétaire et les voisins. Le fils du membre de la Commune Ranvier, un enfant âgé de dix ans, fut emmené à Versailles, et battu cruellement pour lui faire livrer le secret de la retraite de son père. Mais lui, tout meurtri, disait aux bourreaux : « Vous aurez beau me frapper, je ne vous dirai jamais où est mon père, et je sais seul où il est. » Le père de Raoul Rigault et celui de Paschal Grousset furent emprisonnés. Ordre avait été donné d'arrêter non-seulement les hommes compromis dans les dernières affaires, mais ceux mêmes qui s'étaient signalés avant le 18 mars par leurs doctrines politiques. On s'attacha surtout à rechercher les sergents-majors des régiments, afin de découvrir les noms et les adresses de tous les gardes nationaux. On put s'emparer par là de tous ceux qui avaient fait partie des compagnies de marche.

Les musiciens des bataillons furent également arrêtés. Les médecins, les ambulanciers eurent le même sort, sans qu'on voulût admettre que leurs fonctions avaient été de nécessité absolue. Combien plus humaine s'était montrée la Commune. Pendant le siége, un de ses délégués, après avoir inspecté les ambulances de la Presse, réunit tout le personnel. « Je n'ignore pas, dit-il, que la plupart d'entre vous sont royalistes et amis du gouvernement de Versailles; mais je souhaite que vous viviez pour reconnaitre votre erreur. Je ne m'inquiète pas de savoir si les lancettes au service de nos blessés sont royalistes ou républicaines. Je vois que vous remplissez dignement votre tâche, je vous en remercie. J'en ferai mon rapport à la Commune (1). »

Presque toutes les maisons furent perquisitionnées. Un détachement de ligne, conduit par un officier, enveloppait un pâté de maisons, et pendant tout le temps que durait la perquisition, on pouvait entrer mais non sortir. Les sergents de ville les accompagnaient, armés de chassepots et des pistolets versés par les particuliers d'après les ordres de l'autorité

1. *The Times.*

militaire. Officier et mouchards montaient dans les chambres, interrogeaient les habitants, faisaient larder de coups de baïonnettes les endroits suspects. On enlevait non-seulement les armes et les uniformes, mais encore jusqu'à des pièces de drap intactes, que les soldats prétendaient provenir de la Commune, et les numéros des journaux républicains publiés depuis le 18 mars.

Un certain nombre de fédérés s'étaient réfugiés dans les Catacombes et dans les égouts : on leur fit la chasse aux flambeaux. Les agents de police s'avançaient armés de chassepots et tiraient sur toute ombre suspecte. Ils étaient accompagnés de chiens habitués à fouiller les égouts. Mais l'épuisement eut bientôt raison des malheureux réfugiés ; un grand nombre moururent et furent rongés par les rats ; un grand nombre étaient mourants quand on s'empara d'eux. Les derniers hommes valides, obligés de remonter à la lumière pour chercher des vivres, se firent prendre aux orifices où on les guettait.

En même temps, des battues étaient organisées dans les forêts des environs de Paris, afin de cerner les fédérés qui avaient pu gagner ces asiles. On en prit ainsi deux cents environ.

La police la plus active surveillait toutes

les routes et tous les villages avoisinant Paris. Dans chaque bourg un peu important, on avait même établi jusqu'à deux brigades de gendarmerie. Un commissaire de police généralement choisi parmi les anciens commissaires de police ou officiers de paix résidant à Paris sous l'empire, était installé dans toutes les gares et dans les stations de première classe. Tous les trains étaient inspectés avec la plus grande sévérité. Les individus sans passeport ou qui n'étaient pas munis de papiers constatant parfaitement leur identité étaient mis en état d'arrestation et envoyés à Versailles.

Une très-grande surveillance fut exercée sur tout le littoral de la Manche. Un avis affiché dans tous les ports prévint les patrons de bateaux que quiconque prendrait à son bord un individu non muni d'un passe-port en règle serait immédiatement arrêté. Tout passe-port délivré par les ambassadeurs, ministres ou consuls étrangers ainsi que par les maires, préfets et sous-préfets fut considéré comme nul et non avenu.

Dans ces jours de terreur, on vit s'abattre sur Paris le fléau des dénonciations. Elles affluèrent de tous les côtés et beaucoup s'en servirent pour satisfaire des rancunes personnelles. Du 22 mai au 13 juin la préfecture de police reçut 379,823 dénonciations. Les numéros d'ordre du registre où ces correspondances étaient centralisées permirent d'établir cette statistique de l'infamie. Un grand nombre de gens avaient cru qu'une prime de 500 francs était délivrée à tout dénonciateur de quelque personnage de la Commune. Aussi la police put facilement reconstruire la liste des délégués de bataillon à la *Fédération de la garde nationale*. Dans certains quartiers, les gens *notables* organisèrent des réunions privées où ils dressèrent et envoyèrent à la préfecture les listes des citoyens dont ils voulaient épurer l'arrondissement. Les concierges furent en général les auxiliaires les plus dévoués de la terreur. Nous en connaissons un dont les dénonciations ont fait fusiller deux personnes (1). Les gens de l'ordre travaillaient

(1) Il y eut, comme on le pense bien, de généreuses exceptions. Le 25, au faubourg Saint-Denis, après la prise de la barricade, les soldats fouillèrent une maison dans laquelle demeurait un commissaire de police de la Commune. Un des habitants livra ce malheureux, qui fut emmené pour être fusillé. La concierge se précipita vers l'officier, s'attacha à ses vêtements : «Monsieur, monsieur, cria-t-elle d'une voix déchirante, ce n'est pas moi qui l'ai livré ! Dites que ce n'est pas moi ! — Voyons, dit-elle — en se tournant terrible vers

en amateurs, en se promenant. Tous les jours ils arrêtaient dans les rues et sur les boulevards des passants dans lesquels, se fiant à des souvenirs de photographies, ils croyaient reconnaître des personnages importants.

La presse encourageait ces lâchetés et prêchait d'exemple.

« Voici, disait *le Gaulois,* un petit entrefilet très-grave que nous trouvons dans *l'Univers*. Nous en recommandons la lecture à qui de droit :

« Des renseignements parfaitement sûrs nous permettent de dire que dans plusieurs quartiers les honnêtes gens ne sont pas peu surpris de se retrouver face à face avec des communeux notoires, commandants de bataillon, capitaines, etc. lesquels arrêtés et conduits à Versailles, ont été relâchés et reviennent plus arrogants que jamais. Nous citerons notamment le quartier des Batignolles, où l'on a vu reparaître un secrétaire des commandements de Rossel, fameux par ses actes de banditisme et dont les dénonciations ont jeté dans les prisons une foule

les assistants, — quel est le lâche qui a livré cet homme ?... qu'il se montre !... » — Son désespoir était tellement vrai, tellement grand qu'elle ne courut aucun danger. L'officier lui disait : « Calmez vous, calmez-vous. »

d'honnêtes gens. L'autorité militaire a le devoir de surveiller de pareils hommes et la presse honnête, celui de les signaler. „

“ Depuis quelques semaines, Courbet avait quitté son domicile, disait le *Paris-Journal* du 1er juin. Il demeurait avec sa maîtresse, passage du Saumon, nº 12. En fouillant de ces côtés-là on trouverait peut-être quelque chose. „

Le Figaro publia sous forme de feuilleton l'historique des derniers jours de l'Hôtel de ville. Son rédacteur, *qui prétendait avoir assisté aux séances les plus secrètes,* inventa d'un bout à l'autre des comptes rendus fantastiques, où des calomnies atroces et les moins vraisemblables étaient accumulées. Il fit tenir de longs discours et jouer un rôle important à M. Charles Quentin, en ce moment prisonnier à Versailles et qui n'avait jamais *mis le pied* à l'Hôtel de ville pendant ces dernières journées. Son frère protesta avec indignation, et l'écœurement d'un public dont l'estomac n'était pas cependant difficile, fit suspendre cette publication. L'auteur de ces odieuses inventions osa les maintenir dans une lettre publiée par *le Figaro;* mais il se garda bien de se découvrir. D'ailleurs, presque toutes les dénonciations furent anonymes. Il y en eut à peine dix mille de signées.

La lâcheté et la peur étaient à l'ordre du jour des classes bien pensantes. Le délégué aux finances de la Commune, Jourde, arrêté, nia son identité, déclara s'appeler Roux et être connu dans le VIIe arrondissement. — « Menez-moi, dit-il, chez l'adjoint, M. Hortus ; il a été mon maître de pension et il me reconnaîtra bien. »

Conduit chez M. Hortus, il lui dit en entrant :

« Bonjour, monsieur Hortus, me reconnaissez-vous ? Je suis Roux, votre ancien élève. »

Hortus s'écria immédiatement : « Vous êtes Jourde, et vous n'avez jamais été chez moi. »

Jourde reprit tout bas : « Vous me perdez ; j'ai ma pauvre mère. »

Hortus fut inflexible ; il fit enfermer le délégué aux finances et prévint le maréchal Mac-Mahon. Par miracle, le prisonnier ne fut pas fusillé séance tenante et on l'envoya à Versailles (1).

(1) M. Beslay, membre de la Commune, tranquillement installé en Suisse, de par la grâce de M. Thiers, a laissé dire et au besoin écrit qu'il a *sauvé* la Banque. C'est plus qu'une erreur, M. Beslay n'ignore pas que son autorité eût été bien légère sans l'intervention ferme et sensée de son collègue Jourde, omnipotent en matière de finances.

Paschal Grousset fut arrêté dans les premiers jours de juin. Voici comment *le Figaro* raconta son transfert à Versailles :

« A peine arrivé à la mairie Drouot, Grousset fut reconnu et immédiatement salué des cris :

„ — A mort, l'assassin ! à mort, l'incendiaire ! qu'il aille à pied !

„ Un peloton de troupe fut chargé d'escorter la voiture qui le renfermait, mais il ne put contenir la fureur des assaillants ; on s'efforçait d'approcher de lui, on lui montrait le poing et l'on essayait de le frapper.

„ Plusieurs fois déjà, M. Duret s'était mis à la portière pour inviter la foule à respecter son prisonnier :

„ — Prenez patience, disait-il, justice sera faite ; mais mon honneur de magistrat est engagé à ce que je remette Paschal Grousset vivant entre les mains de la justice.

„ On l'écoutait d'abord avec déférence, mais bientôt les clameurs reprenaient violemment, et il est probable que justice aurait été faite sur l'heure, si le cortége n'avait rencontré M. le général Pradier, qui s'enquit des causes de ce bruit. Il prit aussitôt indifféremment tous les officiers et soldats qu'il trouvait sur la route et en fit une escorte assez imposante pour dompter le torrent.

« On se dirigea vers le palais de l'Industrie par les boulevards et la rue Royale.

« Au point où les décombres s'amoncellent à l'entrée du faubourg Saint-Honoré, la fureur de la foule redoubla avec plus de violence que jamais.

« — Regarde, misérable, ce que tu as fait ! A mort l'incendiaire ! qu'on le fusille sur les ruines des maisons qu'il a brûlées !

« Cette foule est féroce, dit Paschal Grousset. »

Le Bien public, après l'avoir couvert des plus sales injures, ajoutait : « Nous n'avons pas le goût d'insulter des ennemis vaincus, mais, en vérité, de pareils misérables ne sont point des ennemis, ce sont des bandits qui se sont mis eux-mêmes en dehors de l'humanité. » Et cependant le *Times*, peu sympathique à la Commune, disait le 14 juillet « Les étrangers, particulièrement les Anglais, doivent beaucoup et quelques-uns même la vie à M. Paschal Grousset, et M. Malet, qui pendant la Commune a veillé aux intérêts de nos nationaux, pourrait apporter son témoignage à l'appui de notre assertion. »

Le membre de la Commune Trinquet, cordonnier de son état, fut arrêté à Belleville avec sa femme qui l'avait courageusement suivi sur le champ de bataille. Naturellement, les journaux n'eurent pas assez d'invectives à l'endroit de ce cordonnier et de cette *pétroleuse* (1).

Un autre membre de la Commune, Courbet. fut arrêté dans son domicile, rue Hautefeuille.

M. Dumas fils célébra ainsi cette prise :

« De quel accouplement fabuleux d'une limace et d'un paon, de quelles antithèses génésiaques, de quel suintement sébacé peut avoir été générée, par exemple, cette chose qu'on appelle monsieur Gustave Courbet? Sous quelle cloche, à l'aide de quel fumier, par suite de quelle mixture de vin, de bière, de mucus corrosif et d'œdème flatulent a pu pousser cette courge sonore et poilue, ce ventre esthétique, incarnation du Moi imbécile et impuissant? »

(1) On sait quelle fut au procès de Versailles l'attitude noble et énergique de cet ouvrier intelligent modeste et résolu. Trinquet, pour toute défense, revendiqua sa part de responsabilité dans tous les actes de la Commune et n'exprima qu'un regret, celui de n'avoir pas été tué, afin de ne pas assister aux défaillances de beaucoup de ses co-accusés. C'est un tel homme que les Versaillais ont cru déshonorer en l'envoyant au bagne de Toulon !

Le conseil municipal d'Ornans, ville natale du peintre, luttant de bassesse avec le cocottier de l'Empire, décida, dans sa séance du 30 mai, qu'on enlèverait des fontaines de la ville une statue de Courbet, représentant un *pêcheur de la Loue*.

Il y eut, pour l'honneur français, quelques traits de cœur et même d'héroïsme pendant cette épidémie de lâcheté. Vermorel, gravement blessé à la barricade du boulevard Voltaire, fut recueilli ainsi que X par la femme d'un concierge, qui le plaça dans son lit, le fit passer pour son fils et procura des vêtements à son compagnon. Le mardi après la prise de Montmartre, un des combattants X membre de la Commune, trouva un asile chez la sœur d'un otage fusillé depuis à Belleville. Six jours plus tard, quand cette personne connut la mort de son frère, elle continua d'abriter le proscrit et plus tard elle aida à sa fuite. Un certain nombre de membres et de fonctionnaires de la Commune purent également se cacher dans Paris et les campagnes voisines, ou s'en éloigner, grâce aux sympathies courageuses qui leur furent témoignées. D'autres personnes gravement compromises trouvèrent, nous le savons, un refuge empressé même chez des inconnus, qui risquaient en les abritant de partager leur sort. Des femmes surtout, se montrèrent admirables de courage, de dévouement et de sang-froid.

Rossel fut arrêté, vers le 9 juin, dans son domicile, boulevard Saint-Germain. Il n'était point déguisé, ne nia pas son identité, et fut immédiatement conduit à l'état-major de la Place. Il montra dans ses interrogatoires et dans son procès qu'il était un homme.

Les dénonciations avaient atteint au bout d'un mois un chiffre tellement fabuleux que l'on décida de ne plus les prendre en considération qu'après avoir obtenu des renseignements sur les personnes ainsi signalées. On dut même garder des individus qui revenaient à la récidive pour la cinquième ou la sixième fois.

La moyenne des arrestations se maintint pendant deux mois et demi à quatre cents par jour. On aura une idée du chiffre énorme des pertes d'ensemble par ce fait que, aux élections complémentaires du mois de juillet, il y eut à Paris cent mille électeurs de moins qu'aux élections de février. Les *Débats* estimaient que les pertes faites par « *le parti de l'insurrection, tant en tués que prisonniers, atteignaient le chiffre de cent mille individus.* »

L'industrie parisienne en fut écrasée. Ses

chefs d'ateliers, ses contre-maîtres, ses ajusteurs, toute cette pléiade d'ouvriers, véritables artistes, qui donnent à sa fabrication un fini parfait et un cachet particulier, périrent, ou furent fait prisonniers, ou émigrèrent. La cordonnerie perdit la moitié de ses ouvriers, douze mille sur vingt-quatre mille; l'ébénisterie, plus d'un tiers; dix mille ouvriers tailleurs sur trente mille, à peu près tous les couvreurs, peintres, plombiers, zingueurs, disparurent. La ganterie, la mercerie, la corseterie, la chapellerie subirent les mêmes désastres. Les plus habiles bijoutiers s'enfuirent en Angleterre. L'ameublement, qui occupait auparavant plus de soixante mille ouvriers, dut, faute de bras, refuser les commandes (1). Un grand nombre de patrons ayant réclamé le personnel de leurs ateliers fait prisonnier, les *Mummius* de l'état de siége répondirent qu'on enverrait des soldats pour remplacer les ouvriers.

(1) Rapport présenté pendant le mois d'octobre au conseil municipal de Paris. « Où est notre industrie ? » s'écriait, à ce propos, un journal fort peu sympathique à la Commune, le *Peuple Souverain*. « A Londres, aux États-Unis. Et il faut que nous payions cinq milliards ! On s'y perd ; on se demande en vérité quels sont les fous qui ont pu rêver et accomplir ces grandes exécutions. »

La sauvagerie des recherches, le nombre des arrestations s'ajoutant au désespoir de la défaite, soulevèrent dans certains quartiers de terribles bouillonnements. Des proclamations et des affiches furent apposées pendant la nuit. Boulevard Saint-Martin, la police en déchira une ainsi conçue :

Officiers et soldats versaillais,
Battus par les Prussiens,
Vainqueurs de Paris quatre contre un,
Assassins de femmes
Et d'enfants,
Voleurs à domicile par ordre supérieur,
Vous avez bien mérité
Des calotins.

A Belleville, à Montmartre, pendant longtemps, on menaça les soldats et des coups de feu partirent des maisons. Les troupes occupaient militairement ces quartiers sillonnés le soir par de fortes patrouilles. Du reste, dès dix heures du soir, on entendait retentir dans toutes les rues obscures et désertes le pas des chevaux des gendarmes, et tout passant attardé subissait un interrogatoire rigoureux.

Dans le 13me arrondissement, des agents de police furent blessés de coups de feu. Au café du

Helder, rendez-vous des officiers, plusieurs d'entre eux furent insultés. Rue de Rennes, rue de la Paix, place de la Madeleine, des soldats, des officiers tombèrent frappés par des mains invisibles; près de la caserne de la Pépinière, on tira sur un général. A défaut d'armes à feu, on se servit de flèches. Les journaux versaillais s'étonnaient avec une impudence naïve que la fureur populaire ne fût pas calmée, et ne comprenaient pas « quelles raisons même futiles de haine on pouvait avoir contre des troupiers qui avaient bien *l'air le plus inoffensif du monde* (1). » Et des milliers de familles pleuraient leur père ou leurs enfants, et des milliers pourrissaient à Versailles, à Satory, sur les pontons, et dans certains quartiers de Paris on vendait des dents d'insurgés!

La gauche, dite radicale, ne trouva ni un geste pour arrêter les massacres, ni un cri pour les flétrir, ni un mot de protection pour les prisonniers. Le 18 mars, au lieu d'accourir à Paris son poste véritable, elle l'avait déserté pour s'enfuir à Versailles. Elle aurait pu grouper la classe moyenne, sympathique à la Révolution

(1) *La Cloche.*

nouvelle, éclairer, entraîner la province par l'autorité de ses noms et forcer la main à Versailles, sans qu'il en coutât une goutte de sang. Le mouvement aurait sans aucun doute perdu de sa vigueur et de sa netteté, mais du moins la nation se serait mise en marche et certains droits fondamentaux eussent été conquis. Elle refusa. Les pontifes du jacobinisme ne cachèrent pas leur haine pour cette révolution faite par des prolétaires, trahissant ainsi leur véritable ambition qui est de gouverner le peuple, nullement de l'émanciper. Les bombes et la mitraille pleuvaient sur Paris; les premiers prisonniers parisiens défilaient couverts de crachats, meurtris de coups sous les fenêtres de l'Assemblée, et M. Louis Blanc, le premier élu de Paris, ne voyait qu'un coupable : Paris. Répondant à une délégation du Conseil municipal de Toulouse (1), qui lui demandait son opinion sur ces événements, il dit que « cette insurrection devait être condamnée par tout véritable Républicain. » Profanant la mémoire du plus généreux des républicains, M. Martin Bernard osa dire que « si

(1) Rapport de la délégation du Conseil municipal de Toulouse, publié par l'*Avenir national*.

Barbès vivait encore, il condamnerait, lui aussi, cette fatale insurrection. » — Plus tard, pendant les massacres, M. Louis Blanc, dans une lettre publique, ne vit dans les journées de mai, que « l'incendie, le pillage, l'assassinat. » M. Emmanuel Arago refusa de défendre Rochefort. Son frère, Étienne Arago, qualifiait de *monstres* les émeutiers.

A vingt-deux ans d'intervalle, les républicains bourgeois méritèrent par leur lâcheté les mêmes stigmates dont Herzen les marqua en 1848 :

« Pendant trois mois, avait-il dit, des hommes choisis par le suffrage universel, par tout le pays de France, n'ont rien fait, et tout à coup ils se sont dressés de toute leur grandeur, pour donner au monde entier le spectacle inouï de huit cents hommes agissant comme un seul malfaiteur, comme un seul monstre de cruauté. Le sang coulait à flots, et eux, ils ne trouvèrent pas une parole d'amour ou de conciliation ; tout ce qu'il y avait de magnanime, d'humain, soulevait le cri de la vengeance et de l'indignation : la voix d'Affre mourant ne put toucher ce Caligula à huit cents têtes, ce Bourbon changé en petite monnaie ; ils serraient sur leur cœur la garde nationale, qui fusillait des gens sans armes; Sénard bénissait Cavaignac et Cavaignac pleurait de tendresse, après avoir accompli tous les forfaits que lui désignait le doigt d'avocat des représentants. Et la minorité austère se tut; la Montagne se cacha derrière les nuages, — contente de ne pas avoir été fusillée ou mise à pourrir dans les caves; elle regardait en silence comment on désarmait les citoyens, comment on décrétait la déportation, comment on emprisonnait pour tout et pour rien, — quelques-uns même parce qu'ils n'avaient pas voulu tirer sur leurs frères. »

M. Gambetta était resté muet pendant toute la durée de la Commune. Quinze jours après sa chute, l'irréconciliable ennemi du coup de force du 2 Décembre, s'empressa de déclarer solennellement qu'un gouvernement qui avait pu écraser Paris avait par cela même démontré sa légitimité.

CHAPITRE IX

Le gouvernement de Versailles demande à toutes les puissances l'extradition des réfugiés. — La Belgique, l'Espagne. — L'Angleterre, la Suisse. — Protestation de Victor Hugo.—Son expulsion de la Belgique. — Excitations de la presse versaillaise. — Ses inventions. —Paris miné. —Les pétroleuses. — Les vitrioleuses. — Le tabac empoisonné. — Prétendues cruautés des fédérés. — Les vols des Communeux. — Tous repris de justice. — La Commune était l'alliée de la Prusse et de Napoléon III. — Delescluze, Rochefort, Rigault, Eudes, Vaillant, etc. — La presse illustrée. — Hommages involontaires. — Défenseurs de la Commune en province et à l'étranger. — Tous les gouvernements sont unis contre le prolétariat. — Le prix du sang.

Le gouvernement de Versailles dans le délire du triomphe espéra que le monde entier, épousant sa haine, se fermerait devant les réfugiés. La circulaire suivante fut expédiée par le télégraphe à tous les agents de la France à l'étranger :

« Versailles, 26 mai 1871.

» Monsieur, l'œuvre abominable des scélérats qui succombent sous l'héroïque effort de notre armée ne peut être confondue avec un acte politique. Elle constitue une série de forfaits prévus et punis par les lois de tous les peuples civilisés. L'assassinat, le vol, l'incendie systématiquement ordonnés, préparés avec une infernale habileté, ne doivent permettre à leurs complices d'autre refuge que celui de l'expiation légale.

» Aucune nation ne peut les couvrir d'immunité, et sur le sol de toutes, leur présence serait une honte et un péril. Si donc vous apprenez qu'un individu compromis dans l'attentat de Paris a franchi la frontière de la nation près de laquelle vous êtes accrédité, je vous invite à solliciter des autorités locales son arrestation immédiate et à m'en donner de suite avis pour que je régularise cette situation par une demande d'extradition.

» Signé : JULES FAVRE (1). »

(1) Ce même personnage qui accusait les réfugiés de crimes de droit commun, — ce que l'Europe a refusé

La Belgique et l'Espagne envoyèrent seules leur adhésion. L'Angleterre, plus calme et plus digne, refusa de répondre. Pour tous les esprits que la haine n'aveuglait pas, les Communalistes étaient au plus haut point des réfugiés politiques. Quels que pussent être au point de vue de la *légalité* les droits de l'Assemblée et de la Commune, il était évident que la lutte des deux mois avait été une guerre et que les fédérés avaient été des soldats. L'Assemblée avait pu leur refuser le titre de belligérants, ils l'avaient été *de fait* et commandés par des généraux *de fait*. L'énergie de leur défense ne leur enlevait pas cette qualité, car la défense personnelle n'est limitée par aucune loi, et les fédérés pouvaient dire comme leurs chefs, qu'ils avaient employé pour résister les moyens qui leur avaient paru les plus efficaces. De tout temps, les armées en retraite ont été contraintes à des nécessités terribles, mais jamais on n'a songé à assimiler leurs actes quelquefois barbares à des crimes de droit commun. Si les féderés avaient été, suivant

d'admettre, — a confessé publiquement avoir commis un *faux*, — crime que toute l'Europe reconnaît être de droit commun. Non-seulement il n'est même pas poursuivi, mais il siége au barreau, à la Chambre, et il fait des lois au pays.

la prétention de M. Thiers, des criminels ordinaires, il aurait dû, pour être logique, demander au gouvernement prussien l'extradition de ses propres soldats, coupables pendant la guerre d'incendies de maisons particulières, d'édifices publics, de meurtres, d'exécutions d'otages; ou il fallait déclarer franchement au monde que les faits de guerre sont des actes politiques quand ils viennent des gouvernants, des crimes quand ils procèdent de la résistance des gouvernés.

La presse versaillaise se répandit en injures contre la Grande-Bretagne qui, après avoir révélé dans ses journaux les atrocités commises par l'armée, se refusait à lui livrer de nouvelles victimes. Mais une nation comme l'Angleterre peut aisément supporter les injures de *la Patrie*.

Le Conseil fédéral suisse ne voulut pas non plus s'engager d'avance, et depuis il a dû, sous la pression de l'opinion publique, refuser l'extradition de M. Razoua.

En 1848, une seule plainte mâle, une seule grande indignation retentit, et encore au dehors de la Chambre : ce fut la sombre malédiction du vieillard Lamennais.

En 1871, une seule voix de la France se fit entendre, mais en Belgique : celle de Victor Hugo. Dès que la déclaration du gouvernement belge fut connue, le grand poëte adressa à la presse une lettre dont nous reproduisons les passages importants.

« Bruxelles, 26 mai 1871.

„ Monsieur,

„ Je proteste contre la déclaration du gouvernement belge relative aux vaincus de Paris.

„ Quoi qu'on dise et quoi qu'on fasse, ces vaincus sont des hommes politiques.

„ Je n'étais pas avec eux.

„ J'accepte le principe de la Commune, je n'accepte pas les hommes.

. . . .

„ Je n'ai jamais compris Billioray, et Rigault m'a étonné jusqu'à l'indignation ; mais fusiller Billioray est un crime ; mais fusiller Rigault est un crime.

„ Ceux de la Commune Johannard et La Cécilia, qui font fusiller un enfant de quinze ans sont des criminels (1), ceux de l'Assemblée, qui font

(1) Fable inventée par les Versaillais. L'espion fusillé après jugement du conseil de guerre n'était pas un enfant, mais un jeune homme de vingt-cinq ans. Il

fusiller Jules Vallès, Bosquet, Parisel, Amouroux, Lefrançais, Brunet et Dombrowski (1) sont des criminels.

„ Ne faisons pas verser l'indignation d'un seul côté. Ici le crime est aussi bien dans l'Assemblée que dans la Commune, et le crime est évident.

„ Premièrement, pour tous les hommes civilisés, la peine de mort est abominable ; deuxièmement, l'exécution sans jugement est infâme. L'une n'est plus dans le droit, l'autre n'y a jamais été.

„ Jugez d'abord, puis condamnez, puis exécutez.

„ Je pourrai blâmer, mais je ne flétrirai pas. Vous êtes dans la loi.

„ Si vous tuez sans jugement, vous assassinez.

„ Je reviens au gouvernement belge.

„ Il a tort de refuser l'asile.

. . . .

avoua être allé plus de vingt fois dans les lignes ennemies porter des renseignements sur les positions des fédérés et sur leur nombre. On lui demanda s'il se repentait : il haussa les épaules. C'était une brute qui mourut en brute.

(1) Les journaux avaient à cette date raconté ces exécutions. Si celles-là ne sont pas vraies, il y en a eu des milliers d'autres.

„ Cet asile, que le gouvernement belge refuse aux vaincus, je l'offre.

„ Où ? En Belgique.

„ Je fais à la Belgique cet honneur.

„ J'offre l'asile à Bruxelles.

„ J'offre l'asile place des Barricades, nº 4.

„ Qu'un vaincu de Paris, qu'un homme de la réunion dite Commune, que Paris a fort peu élue (1) et que, pour ma part, je n'ai jamais approuvée, qu'un de ces hommes, fût-il mon ennemi personnel, surtout si c'est mon ennemi personnel, frappe à ma porte, j'ouvre. Il est dans ma maison. Il est inviolable.

. . . .

„ Si un homme est hors la loi, qu'il entre dans ma maison. Je défie qui que ce soit de l'en arracher.

„ Je parle ici des hommes politiques.

„ Si l'on vient chez moi prendre un fugitif de la Commune, on me prendra. Si on le livre, je le suivrai. Je partagerai sa sellette. Et pour la dé-

(1) Où donc est la représentation légale de Paris?

25 mars : élections de la Commune .	225,000 votants.
2 juillet : élections complémentaires des Députés	216,000 votants.
23 juillet : élections du Conseil municipal	176,000 votants.

fense du droit, on verra, à côté de l'homme de la Commune, qui est le vaincu de l'Assemblée de Versailles, l'homme de la République, qui a été le proscrit de Bonaparte.

„ Je ferai mon devoir. Avant tout, les principes.

. . . .

„ Victor HUGO. „

La presse versaillaise jeta des cris d'indignation. D'un commun accord, le grand poëte fut déclaré fou, indigne de parler au nom du droit. « Peut-on être si parfaitement sot? „ écrivit M. Francisque Sarcey. Un littérateur, M. X. de Montépin, atteignit d'un bond le sublime: il proposa à la Société des Auteurs dramatique, d'exclure de son sein Victor Hugo, Rochefort Vacquerie, Paul Meurice, etc., en un mot tous les membres qui par leurs actes ou par leurs écrits avaient pactisé avec les actes de la Commune de Paris. On eut le tort de ne pas prendre sa déclaration au sérieux, et de ne pas rendre un édit défendant de lire autre chose que du Montépin, seule nourriture capable de produire des âmes fortes. Seul un journaliste courageux et dont la feuille fut suspendue aussitôt, M. Garlier, osa féliciter Victor Hugo de sa « noble et généreuse protestation. » La Belgique, le pays d'Artevelde, expulsa Victor Hugo comme elle avait chassé Proudhon. Sa maison fut assiégée pendant la nuit par une bande poussant des cris de mort et cassant les vitres à coups de pierre. Il dut se réfugier en Hollande.

La presse de la bourgeoisie, la seule tolérée, tient une large place dans ces journées. Nous la citerons longuement. Elle atteste l'ignorance et la décomposition profonde du parti dont elle fut le miroir fidele. La Commune l'avait supprimée, contrainte par les nécessités de la défense; mais elle avait respecté la personne des journalistes, même les plus hostiles. — (L'on sait que l'arrestation de Chaudey fut motivée par les événements du 22 janvier, et, chose incroyable elle eut lieu au moment où il défendait dans le *Siècle* les idées fédéralistes !) Dès l'entrée des troupes, dans un article intitulé : *Entreprise générale de balayage parisien,* un journal proposa de fusiller immédiatement les membres de la Commune, les chefs de l'insurrection, les membres des comités, des délégations, les journalistes sympathiques à la révolution du 18 mars, etc., etc., de déporter tous les gardes nationaux qui avaient servi la Commune, de renvoyer hors de Paris tout ouvrier ne justifiant pas de deux ans de domicile (1). Comme il fallait donner à de telles horreurs un semblant de légitimité : « La guerre sociale, disait-on, c'est la guerre de celui qui n'a rien fait contre celui qui a travaillé, la guerre de l'impuissant contre le producteur, de Cartouche contre Mandrin » (2). Et les complices de Mandrin étaient répandus par tout le monde, plus habiles, plus dissimulés, mieux servis que ceux de Loyola. « *L'Internationale* a ses chiffres, ses signaux et ses mots d'ordre (3). Un journal dévoué à sa cause lui épargnera, s'il le faut, le travail compliqué d'une correspondance. Deux mots convenus, une phrase arrêtée d'avance, se glissent dans un fait Paris; cela peut suffire pour un signal. C'est très-simple, et il est impossible de surveiller cette correspondance.

» *Le ciel était avant-hier d'un azur admirable.* Cette phrase peut signifier : « La police ne sait rien; la garnison de telle ville est

(1) *Figaro.*
(2) *Patrie.*
(3) *Ibid.*

diminuée de moitié. Elevez les barricades (1) „.

“ Allons, honnetes gens, criait M. de Villemessant, un coup de main à l'ouvrage, pour en finir avec la vermine democratique, sociale et internationale. „

Et comme le public se lassait de ces excitations perpétuelles : “ Paris, nous le savons, disait *le Bien public*, ne demande qu'à se rendormir; dussions-nous l'ennuyer, nous le réveillerons. „

Alors, devant les yeux de la bourgeoisie, ignorante et credule la presse évoqua les blêmes divinités de la peur.

En juin 48 on n'avait su trouver que l'histoire des gardes mobiles sciés entre deux planches, et celle de ce général Bréa, qui, introduit en parlementaire au milieu des *insurgés*, les avait traîtreusement fusillés par derrière. Alors aussi on parla bien un peu de Paris miné; mais combien ces naifs essais d'une reaction inexpérimentée étaient loin des fables savantes débitées en 71 par les inventeurs brevetes

(1) — Biribi veut dire en latin
L'homme de Sainte Hélène,
Barbari c'est, j'en suis certain.
Un peuple qu'on enchaine.

des fameux complots de l'empire. On sait que dès les premiers incendies la peur avait imaginé les pétroleuses. Les journaux versaillais, pour raviver l'indignation languissante, continuèrent la légende et lui donnèrent son complet épanouissement. On procéda par gradations habiles. Tous les jours, on découvrait de nouveaux fils télégraphiques destinés à relier les quartiers entre eux et à faciliter l'incendie ou l'explosion de tout Paris par les agents de la Commune. — On en avait coupé *plus de mille* dans les égouts. On avait mis à nu au faubourg Saint-Martin, n° 7, une conduite qui devait faire sauter une partie du 10e arrondissement, si les insurgés avaient eu le temps de mettre à exécution leur infâme projet (1). — Le Louvre et les Invalides n'avaient échappé que par miracle (2). — On avait découvert dans une maison de la place Saint-Pierre, à Montmartre, des papiers très-importants, parmi lesquels le plan de Paris souterrain avec les mines et les torpilles qui s'y trouvaient placées par la Commune (3). — On publia l'arrêté

(1) *Vérité.*
(2) *Bien public.*
(3) *Liberté.*

rendu le 16 mai par l'ingénieur du service de l'éclairage, prescrivant la déclaration dans ses bureaux de tous les entrepôts de pétrole (1). Naturellement ce pétrole avait été recherché en vue de l'incendie de Paris. Une jeune fille de *huit ans* fit des révélations. Arrêtée au moment où elle se préparait à jeter du pétrole dans les caves, elle avait dit aux soldats : « Ah! vous avez à faire, allez, nous sommes huit mille comme cela. » L'enfant avait donné des renseignements sur le bataillon de furies qui avaient pour mission de faire de Paris un monceau de ruines. Elles étaient *huit mille*, tant femmes que filles, sous la haute direction du membre de la Commune Ferré, qui les avait divisées en escouades commandées par des sergents et des caporaux féminins; chaque escouade avait son quartier respectif qu'elle devait in-

(1) *Déclaration* et non *réquisition*, comme le prétendaient les journaux versaillais. A cette époque, on redoutait à Paris la suspension de l'éclairage au gaz. Les convois de houille étaient fort rares depuis quelque temps et le directeur de la Compagnie parisienne, M. Le Camus, vint lui-même prévenir la Commune qu'ils allaient totalement manquer. Sur son avis, le fonctionnaire chargé de l'éclairage fit rendre cet arrêté. Le 21 mai, jour de l'entrée des troupes, il n'avait été fait *aucune* déclaration.

cendier à mesure que les troupes régulières entreraient dans Paris (1).

On se souvient des fameux *Bons pour une femme du faubourg Saint-Germain*, trouvés sur les *insurgés* de juin 48, dirent les *Figaros* de l'époque. En 1871, on inventa les étiquettes gommées de la dimension d'un timbre-poste, portant les lettres (B. P. B.) (Bon pour brûler), les unes de forme carrée, les autres de forme ovale, portant au centre une tête de bacchante. Les chefs incendiaires les posaient à des endroits convenus sur les maisons destinées à être brûlées (2). Des perquisitions faites chez le membre de la Commune Amouroux avaient amené la découverte du compte rendu de la séance du samedi 20 mai, dans laquelle on avait officiellement décidé l'incendie des principaux monuments de Paris. Cette séance avait été des plus orageuses. Le citoyen Beslay, qui essayait de s'opposer à ce vandalisme, avait été hué et maltraité, tandis que la Commune tout entière acclamait Delescluze, déclarant en style théâtral que s'il fallait mourir « on ferait à la liberté des obsèques dignes d'elles » (3). On

(1) *La Patrie.*

(2) *Liberté.*

(3) *Ibid.* — M. Beslay n'assistait plus depuis cinq semaines aux séances de la Commune.

disait que parmi les fédérés emmenés à Versailles, on avait trouvé le chef des fuséens attaché à la compagnie de l'éclairage dont faisaient partie les pétroleuses. Il avait déclaré dans son interrogatoire que la ville de Paris avait été partagée en trois zones; l'insurrection devait s'ensevelir dans les ruines de la troisième (1).

Enfin, on avait découvert le véritable motif de la dureté avec laquelle la Commune poursuivit l'exécution de son malencontreux décret interdisant aux ouvriers boulangers le travail de nuit. La Commune, qui tenait Paris *haletant sous la terreur*, avait conçu le projet de faire tout sauter, et il fallait qu'à tout prix les ouvriers boulangers qui travaillent dans les sous-sols ne fussent pas témoins du travail nocturne opéré dans les égouts par les agents chargés d'y établir les fourneaux de mine (2). C'était pour un motif analogue que pendant la lutte, les fédérés avaient forcé les habitants de la rue de Rivoli à fermer hermétiquement leurs croisées. Cette mesure avait pour motif le badigeonnage au pétrole des maisons du quartier destinées à être brûlées. Les incendiaires ne voulaient pas

(1) *Figaro.*
(2) *La Patrie.*

être troublés dans leur besogne par des regards indiscrets (1).

Puis des anecdotes d'une précision réjouissante. On avait procédé à l'arrestation de trois mendiants dont l'un portait une serinette. Elle contenait des projectiles incendiaires qu'un tour de manivelle pouvait distribuer selon la circonstance (2). La police avait arrêté une vivandière du 207e, dont le petit barillet contenait, au lieu d'eau-de-vie, la valeur de deux litres de pétrole (3). Une perquisition opérée dans la rue des Vinaigriers au domicile de deux femmes avait amené la découverte d'une trentaine d'*œufs à pétrole*, — bombes incendiaires à la main, ayant exactement la forme d'un œuf et garnies de capsules à la nitro-glycérine (4). — On avait trouvé à Montrouge dix-sept appareils connus sous le nom d'*Extincteurs Briet*. Ces appareils ayant la forme d'une hotte en ferblanc recouverte de drap et à laquelle est adaptée une lance d'arrosement d'un jet très-puissant, doit contenir un liquide dont l'effet est d'éteindre le foyer d'incendie le

(1) *Bien public.*
(2) *Gaulois.*
(3) *Opinion nationale.*
(4) *Paris-Journal.*

plus violent. Or, ceux qu'on avait trouvés étaient remplis de pétrole et d'esprit de vin (1).

Chaque jour on arrêtait des hommes ivres ou des enfants porteurs de tonneaux ou de fioles pleines de pétrole. Il n'était pas jusqu'à la colonne de Juillet que ces misérables n'eussent cherché à incendier (2). Au faubourg Saint-Germain on avait découvert, d'après la *Patrie*, « le *squelette* calciné d'une pétroleuse ayant une pipe à la bouche. Ses vêtements étaient tout imbibés de pétrole. On suppose que c'est le feu de la pipe qui aura déterminé cette combustion. » Le journal ne disait point par quel miracle les vêtements avaient été préservés de l'incendie qui avait réduit le corps à l'état de squelette.

Mais on se lassa du pétrole; il fallut trouver mieux. On imagina les *vitrioleuses*. Rien n'égalait, disait-on, la férocité de ces furies. En relevant des officiers ou des soldats tués aux barricades, on avait pu constater sur le visage de quelques-uns d'entre eux des traces de brûlures profondes qui venaient *évidemment* d'un liquide corrosif. Une prisonnière de Satory avoua que la défiguration, comme

(1) *Paris-Journal.*
(2) *Gaulois.*

l'incendie, avait été organisée militairement par la Commune. De même que les édifices étaient désignés longtemps à l'avance, des femmes chargées de dévisager les Versaillais avaient reçu des indications précises. « Voilà, disait le *Petit Moniteur universel*, comment les brigands de l'Hôtel de ville entendaient l'égalité! Le niveau du vitriol appliqué à tous les individus qui n'avaient point le malheur d'être aussi laids que Delescluze ou Vermorel! » Dans la rue du Rocher on avait mis la main sur une machine à vitriol, espèce de pompe incendiaire qui devait lancer à gros jets le liquide sur les soldats.

Le vitriol ayant à son tour passé de mode, la presse chercha encore et elle trouva. Au quartier des Écoles, on découvrit chez un débitant ou fabricant de produits chimiques, deux petites fioles remplies d'une substance composée, qui, jetée sur un groupe, devait en se volatilisant produire des morts foudroyantes dans la proportion de soixante pour cent (1). On avait saisi dans le matériel scientifique de la commission instituée par la Commune de petits ballons libres chargés de matières inflammables

(1) *Petit Moniteur.*

qu'on devait lancer sur Versailles, afin de mettre le feu à cette ville. Tout était calculé pour faire arriver ces engins à leur destination.

Si le tabac manquait, c'est que plusieurs chimistes faisaient l'analyse des tabacs de l'entrepôt empoisonnés par les bandits fédérés (1). — N'avait-on pas arrêté beaucoup de femmes distribuant aux soldats de la ligne des cigares empoisonnés (2).

A *l'humanité* des soldats, la chronique opposa la férocité des Communeux. Dans la rue de Lille, une femme dont l'appartement flambait cherchait à se sauver et se tordant les mains demandait qu'on lui livrât passage. — « Ce n'est pas la peine, lui dirent les incendiaires en riant. Griller pour griller, autant griller ici. » — Et ils la repoussèrent dans les flammes (3). On racontait que le directeur du théâtre des Délassements-Comiques avait été forcé de mettre lui-même le feu au pétrole qui devait embraser son théâtre. Par quatre fois le malheureux directeur, menacé par les revolvers, s'était vu contraint d'allumer le liquide qui s'éteignait (4).

(1) *Liberté.*
(2) *Petit Moniteur.*
(3) *Le Gaulois.* Francisque Sarcey.
(4) *Figaro.*

On avait retiré des décombres de l'Hôtel de ville un certain nombre de cadavres brûlés. C'étaient des prisonniers détenus dans les caves et condamnés au supplice du feu (1). Le citoyen Lacaille, commandant les Tuileries, avait voulu dans sa rage mettre le feu à la maison même où étaient cachés ses cinq enfants (2).

M. Thiers avait annoncé la mort du commandant de chasseurs Ségoyer, *fusillé* à la Bastille. La proposition faite à la Chambre pour accorder une pension à sa femme et à ses enfants, s'exprimait ainsi : « Il fut saisi par une bande d'insurgés, *enduit de pétrole et brûlé vif.* » D'après le *Figaro*, les *Communeux* avaient eu la barbarie de couper par morceaux deux gendarmes et de les déposer sur une place, en mettant sur les débris des cadavres cette inscription : *Avis aux gendarmes qui tomberont dans nos mains ; ils subiront le même sort.* La Commune avait également fait fusiller trois matelots sur la place de l'Hôtel de ville après les avoir laissés plusieurs heures pendus par les pieds le sac au dos (3).

(1) *Petite Presse.*
(2) *Paris-Journal.*
(3) *Figaro.*

Des témoins *dignes de foi* racontaient que, rue d'Angoulême, un monsieur qui avait refusé de travailler à une barricade avait été fusillé sur-le-champ; à la même barricade, un pauvre enfant qui ne pouvait porter les pavés, avait eu la cuisse percée d'un coup de baïonnette. A la Muette, le général Dombrowski avait fait fusiller un cocher d'omnibus qui, effrayé de la pluie d'obus et de mitraille, hésitait à marcher (1). Les fédérés qui défendaient le Panthéon avaient reçu la mission de fusiller au dernier moment les professeurs et employés de la faculté de droit domiciliés dans l'école, les administrateurs de la bibliothèque Sainte-Geneviève, les fonctionnaires du collége Henri IV. Ils en avaient fait la déclaration à des appariteurs de l'école : " *Nous allons faire descendre les vieux*, avaient-ils dit, et les fusiller (2). "

Les vols des Communeux ne se comptaient pas. — Au Conseil d'État, ne trouvant ni vins ni argent, ils s'étaient emparés de quelques habits

(1) *Petit Moniteur.*
(2) *La France.*

Des négociants ingénieux trouvèrent le moyen de se faire sur le dos des *Communeux* de bonnes petites réclames. — Celle-ci nous paraît le modèle du genre :
« Les magasins Gagelin sont rouverts après avoir

brodés appartenant à des conseillers d'État et les avaient vendus (1) à leur profit, naturellement. Au greffe du Palais de Justice, où ils étaient venus se faire délivrer les armes saisies sous l'Empire et qui n'avaient pas été restituées à leurs propriétaires, il avait fallu toute l'énergie du greffier pour préserver les pendules et les meubles (2). On pourra lire à ce sujet un échantillon du récit historique du *Figaro* dont nous avons déjà parlé (3).

On affirma également qu'un certain nombre de tableaux des musées de Paris avaient été expédiés par la Commune à Londres, pour y être vendus.

A propos des enfants qui répandaient le pétrole, un journal s'écria : « Voilà l'instruction que le citoyen Vaillant donnait à la jeunesse! » Il décrivait ensuite le programme des cours : « Le matin, de neuf à dix heures, exercice mili-

échappé au massacre et à l'incendie. Leur chef, M. Opigez-Gagelin, décrété d'otage, probablement comme fondateur d'une industrie qui répartit 80 millions de salaires, était une victime désignée aux fureurs de l'Internationale. »

(1) *Gazette des Tribunaux*.

(2) *Droit*.

(3) V. Appendice. Note 7.

taire. De dix à onze heures, dictée : sujet de la dictée tiré du *Père Duchesne* : commentaire à l'appui des mots et expressions que les enfants ne saisissaient pas, eu égard à la naïveté de leur âge. Depuis trois heures, problèmes de calcul roulant toujours sur les opérations militaires de la Commune (1). »

La presse versaillaise travaillait aussi pour l'étranger. Elle affirma que parmi les papiers saisis à l'École militaire, au Palais-Bourbon et chez Delescluze, se trouvait une correspondance considérable, relative à une conspiration communeuse qui devait éclater à Bruxelles, où l'on appliquerait le même programme incendiaire qu'à Paris. « On savait qu'avant six mois Lyon, Marseille, Barcelone, Turin, Rome, Naples, Vienne, Berlin, Moscou, l'Irlande, l'Espagne et les provinces Danubiennes devaient être en feu (2). »

Pour éloigner toute commisération des prisonniers, on prouva clair comme le jour que la Commune avait recruté ses troupes parmi les repris de justice. On signalait comme ayant exercé les fonctions de commandant à Belle-

(1) *Figaro*.
(2) *Paris-Journal*

ville, le forçat Schumaker, qui depuis plus d'une année se trouvait en Amérique (1). On disait avoir trouvé à Satory parmi les prisonniers des forçats portant à l'épaule la marque T. P. (et la marque est abolie depuis 40 ans!) On publia des noms d'officiers fédérés fantastiques, parmi lesquels celui de *Crapulinski,* colonel d'état-major. Des lettres reçues des parquets signalaient, disait-on, la disparition de presque tous les individus soumis à la surveillance de la police. — Donc, ils étaient venus à Paris s'enrôler sous la Commune.

La connivence de ces *bandits* avec la Prusse était manifeste. M. le général Trochu, qui s'y connaît, le déclara à la tribune. Dombrowski était un agent de la Prusse. — « Que d'indices déjà ! » s'écriait le *Bien Public.* Ce billet trouvé rue du Quatre-Septembre : *« Charles est parti pour la Prusse ; je vais le rejoindre !! »*

Assi était l'agent de Karl Marx, agent secrétaire de M. de Bismark !! (*sic.*) Brunet avait pour maîtresse la femme de chambre d'un diplomate allemand. Le 21 mars, on avait remarqué aux Tuileries, au Palais-Royal, un grand nombre de promeneurs, dont les travestissements bourgeois

(1) *Petite Presse.*

dissimulaient mal l'origine germanique. Puis, dans l'action militaire, réquisitions, incendies, emploi du pétrole, tout s'était fait à la prussienne (1). Les vrais chefs du complot, c'étaient Karl Marx, Jacobi, Diebnek et le russe *Touatchin* (?). C'était à Jacobi et à *Touatchin* (?) que l'on devait l'idée de brûler Paris. On avait saisi chez une femme de la rue de Douai un certain nombre de lettres adressées au citoyen Frankel par des membres de l'*Internationale,* section allemande. L'une de ces lettres constatait l'envoi par les frères et amis de Berlin, d'une somme de six cent mille francs, payable à Saint-Denis (2). Des caisses renfermant des instruments astronomiques furent atteintes par le feu, lors de la défense de l'Observatoire, et un cercle de Rigault fut détruit. Évidemment, les *Communeux* avaient été les infâmes instruments des savants de Berlin, ennemis du système métrique (3). Si les Prussiens avaient fusillé ou fait prisonniers un certain nombre de fédérés qui s'efforçaient de traverser leur ligne, c'est qu'il cachaient bien leur jeu et que M. de

(1) *Bien Public.*
(2) *Liberté.*
(3) De Fonvielle, *Liberté*

Bismark savait parfaitement dissimuler toutes les apparences (1).

D'autres affirmaient gravement qu'il y avait du bonapartisme dans l'émeute. Un ancien adjoint du IIme arrondissement soutint avoir reconnu parmi les fédérés des agents de la police secrète de l'empire. La commission d'enquête de la Chambre était également de cet avis.

Mais ces accusations générales étaient loin d'avoir la saveur des calomnies plus précises dirigées contre les personnages marquants de la Commune ou de la révolution du 18 mars. La curiosité publique s'attachait à chacun d'eux et se montrait avide des moindres détails. Les feuilles versaillaises ne manquèrent pas d'exploiter cette mine si riche, satisfaisant ainsi leur haine et doublant leurs lecteurs. Rochefort les avait flagellés pendant la Commune. On prétendit avoir trouvé chez lui des objets appartenant aux collections de M. Thiers, saisies au profit de l'État par le Comité de salut public (2). On raconta que, parmi les pièces à demi conservées, emportées par le vent jusqu'à Saint-Germain, on avait trouvé une lettre du rédac-

(1) *Gaulois.*
(2) *La France.*

teur du *Mot d'ordre*, établissant clairement ses relations et sa connivence avec la Commune (1). Les perquisitions faites chez Paschal Grousset avaient amené, disait-on, la découverte de reconnaissances du Mont-de-Piété, portant comme désignation de gage de *l'argenterie brisée*, qui n'était autre que celle des Affaires étrangères (2).

On ne tarît pas d'inventions infâmes sur Delescluze. *Le Soir*, fondé et soutenu par un financier de haute volée, affirma que Delescluze avait commis un vol dans sa jeunesse, et qu'il avait ordonné l'exécution de Chaudey pour anéantir les preuves qu'il savait entre les mains de ce dernier. A cette accusation de vol, une personne qui avait connu Delescluze, répondit par le fait suivant : « M. Chirel avait, en mourant, laissé à Delescluze sa fortune, s'élevant à sept mille livres de rente environ ; mais ayant appris qu'un parent très-éloigné et non moins ignoré sans doute du défunt existait et se trouvait dans le besoin, ce *voleur* de Delescluze s'empressa de remettre à l'indigent cette fortune, dont il ne voulut rien accepter. » Les journaux versail-

(1) *Le Soir*.
(2) *Paris Journal*.

lais racontèrent encore que ce vieillard, dont la vie privée fut austère, avait transformé la mairie du XIme arrondissement en un lieu de débauche, et ils publièrent à cet égard des détails ignobles que nous sommes forcé de reproduire à titre de documents (1).

Raoul Rigault fut aussi le bouc émissaire. La presse versaillaise ne lui pardonnait pas d'avoir tremblé sous lui. On raconta, avec détails, ses attentats à la pudeur sur *toutes* les femmes de quelque beauté qui venaient solliciter à la préfecture de police (2). Il allait souvent au théâtre, et faisait, dit-on, dans les entr'actes, sur la table d'un café voisin, la liste des otages qui devaient être fusillés (3). Lui aussi avait contre Chaudey un motif particulier de haine: ce dernier ayant fourni de mauvais renseignements au père d'une jeune fille que Rigault demandait en mariage (4). Il avait fait fortune dans ses fonctions de procureur de la Commune, et on prétendit avoir trouvé son testament, où il laissait à sa maîtresse des sommes considérables (5). On lui prêtait des propos de ce genre :

(1) Voyez l'appendice. Note 8.
(2) *Paris-Journal.*
(3) *Paris sous la Commune.* Moriac.
(4) *Paris-Journal.*
(5) *Liberté.*

« Vous avez cinq mille francs de rente depuis deux ans; depuis deux ans vous êtes sur les listes du *vieux*. »

Le *vieux*, c'est Blanqui.

Il disait aussi très-souvent d'un homme : « *Encore un qui est marqué : bon à tuer!* » Et c'était chose arrêtée, écrite (1).

A la Préfecture, ce n'était qu'orgies continuelles; on citait le nombre des bouteilles de champagne et de liqueurs vidées dans une seule nuit (2). Par malheur, la presse bourgeoise ne s'entendait pas toujours, et le lendemain on lisait dans le *Siècle* :

« On ne faisait point d'orgies, comme on l'a prétendu, et c'était à la Préfecture qu'étaient les gens les plus distingués de la Commune. La conversation était des plus ardentes et parfois fort intéressante. On discutait beaucoup sur l'athéisme. Parmi eux, il y avait un musicien de très-grand talent; après dîner, on faisait presque toujours de la musique et très-bonne. »

Un journal affirmait que, avant de quitter la Légion d'honneur, la femme du membre de la

(1) *La Patrie*.
(2) *Bien Public*.

Commune Eudes avait envoyé « deux des sicaires de son mari au café d'Orsay, pour y réquisitionner quinze couverts d'argent (1). » Et *la Liberté* tenait de bonne source qu'elle « recrutait parmi les femmes du boulevard le personnel féminin de ses soirées. »

Le membre de la Commune Vaillant, ingénieur distingué, et qu'on voulait bien reconnaître n'être pas le premier venu, avait, assurait-on, inventé des chignons incendiaires (2). Ces chignons, imbibés de matière fulminante, étaient jetés dans les caves et il suffisait de la moindre étincelle, pour déterminer un commencement d'incendie. On avait trouvé dans le ministère qu'il occupait un fragment de lettre, commençant ainsi :

« Sire,

» J'ai commencé le rapport que.... »

Lettre évidemment adressée à l'empereur d'Allemagne ou à Napoléon III (3).

Un des journaux qui s'occupèrent du membre

(1) *Petit Moniteur.*
(2) *Paris-Journal.*
(3) *Cloche.*

de la Commune Johannard, véritable enfant, mais plein de cœur et de courage gai, commençait ainsi sa biographie : « Celui-là vécut en crapule et finit en bandit. (1) »

La calomnie revêtit toutes les formes. On raconta partout que M. Thiers avait fait remettre au membre de la Commune Theisz, ancien directeur des postes, un passeport avec lequel il avait pu gagner l'étranger. — Or Theisz, homme de cœur et de caractère, aussi incapable d'accepter que de solliciter cette déshonorante faveur, fut particulièrement recherché et ne put s'évader de Paris que longtemps après les journées de Mai.

La presse illustrée qui, parlant aux yeux, frappe plus vivement l'imagination, donna sa note dans le concert. *L'Illustration, le Monde, le Journal illustré*, etc., reproduisirent les scènes d'incendies ou de barricades, en ayant soin de donner aux fédérés, hommes et femmes, les attitudes et les physionomies les plus abjectes. En regard, l'armée se distinguait par ses allures élégantes. Le texte était toujours à la hauteur des illustrations (2).

(1) *Petit Moniteur*.

(2) Ni le temps ni le nombre des victimes ne purent calmer cette rage de la presse. Quatre mois après les

Nous avons cru devoir citer, nous croyons inutile de relever toutes ces sottises. L'acte d'accusation dressé contre Assi par l'autorité militaire reconnut en termes précis qu'il n'y avait dans Paris souterrain ni fils ni torpilles : « *Cependant*, disait le rapporteur, *il faut* „ *s'assurer une retraite ; — aussi la recom-* „ *mandation la plus formelle est-elle donnée* „ *de ne faire aucun dépôt dans les cata-* „ *combes ni dans les égouts.* „ Le 4e conseil de guerre, particulièrement féroce, qui jugea les prétendues pétroleuses, dut abandonner ce chef d'accusation. On n'avait pu produire ni le moindre ordre, ni le moindre témoin, ni la moindre preuve directe (1). — La légende

journés de Mai, elle continuait les mêmes calomnies ineptes et les mêmes excitations. Tout malfaiteur arrêté dans Paris était « officier de la Commune. » Son attitude lors des procès de Versailles révolta les correspondants étrangers. *The Standard*, un des journaux les plus injurieux pour la Commune, s'écria : « *Anything more scandalous than the tone of the* » *demi-monde press about this trial it is impossible* » *to conceive.* » (Impossible d'imaginer rien de plus scandaleux que le ton de la presse du demi-monde pendant ce procès.)

(1) On lisait dans l'acte d'accusation, qui restera comme un monument de bêtise : « Les insurgés avaient arrosé de pétrole les barricades ! » — Tout en

des pompiers pétroleurs est aussi fabuleuse. Tout le monde sait, à l'exception, paraît-il, de MM. les officiers, qu'une quantité insuffisante d'eau lancée sur un foyer active les flammes au lieu de les éteindre, et que d'ailleurs les pompes ordinaires sont impuissantes à projeter le pétrole. — Quant aux anecdotes particulières ou personnelles, il suffit, croyons-nous, de les signaler.

D'ailleurs, la vérité se dégageait quelquefois de ces injures, et plus d'un écrivain rendit ainsi aux fédérés un hommage involontaire. On avait par exemple trouvé dans les décombres de l'Hôtel de ville une coupe en vermeil faisant partie du *service de la ville*, que ces *voleurs* n'avaient donc pas sans doute détourné (1) ; on retrouvait également à la Monnaie tous les objets du culte, calices, ostensoirs, flambeaux, enlevés aux églises (2). Un jour, on affirmait que les fédérés avaient dévalisé le greffe du Palais de justice avant de l'incendier, et le lendemain on découvrait dans les ruines des lingots de matières précieuses. La Commune avait, disait-on, pillé la

reconnaissant que ces pétroleuses n'avaient rien pétrolé du tout, le conseil en condamna trois à mort : *pour avoir tenté de changer la forme du gouvernement.*

(1) *Paris-Journal*

(2) *Bien public.*

Banque, et cependant le *Journal Officiel* dut publier la note suivante :

« Depuis que la liberté des communications est rétablie, la Banque a reçu diverses lettres qui démontrent que le public des départements n'est pas sans inquiétude sur le sort des titres et valeurs déposés dans les caisses de cet établissement.

« Le gouvernement de la Banque croit de son devoir de faire cesser des craintes tout à fait dénuées de fondement. Jamais la Banque n'a été envahie, et si elle a eu à subir certaines réquisitions de la part de la Commune, jamais elles n'ont porté sur les titres déposés ou sur les fonds en compte-courant des particuliers. »

On reconnut que des tentatives infructueuses de corruption avaient été faites auprès du membre de la Commune Eudes, et du directeur général de l'assistance publique de la Commune Treilhard (1). On avoua que, à part les chapelles ouvertes pour servir d'abri contre les obus, tous les tombeaux du Père-Lachaise, même la chapelle funèbre de M. Thiers, avaient été respectés (2). Un individu, retenu comme otage,

(1) *Bien public.*
(2) *Ibid.*

raconta que lui et ses compagnons avaient été délivrés de Mazas pendant la lutte et sauvés par le juge d'instruction de la Commune Moiret(1). On ne put cacher que, avant l'incendie de la Préfecture de police, on avait mis en liberté tous les détenus, au nombre de plus de cent, à l'exception *d'un seul* qui avait distribué beaucoup d'argent à la garde nationale et qui fut fusillé porteur encore de vingt mille francs.

Certaines ironies déposaient encore en faveur de la Commune. « A un prévenu. — Que faisiez-vous ? — J'étais secrétaire du ministre de l'intérieur. — Que gagniez-vous ? — Deux cent cinquante francs par mois. — Pas cher ! » disait en matière de réflexion le journaliste versaillais, plein de mépris pour un fonctionnaire aussi médiocrement rétribué. Un autre se moquait fort de la Commune de Paris qui proscrivait le ballet dans une représentation donnée au profit des veuves et des orphelins (2).

Quelques voix courageuses protestèrent dans la presse de la province mais sans pouvoir, comme on le pense bien, percer jusqu'à Paris. *Le National du Loiret* ne craignit pas de dire « que les faits

(1) *Figaro*
(2) *Gaulois*.

qui se passaient à Paris, suffisaient à remplir d'horreur les âmes honnêtes, que les vainqueurs de l'insurrection prenaient à tâche d'exciter en sa faveur la commisération du monde; que les innocents étaient confondus avec les coupables dans un même égorgement. „ Il fut supprimé. *L'Indépendance de la Savoie* fut saisie pour un article intitulé *Une idée ne meurt pas.* Un grand nombre d'autres journaux : *l'Émancipation,* de Toulouse, *l'Union démocratique,* de Nantes, *l'Indépendance,* de Constantine, *l'Éclaireur,* de Saint-Étienne, *le Vrai Républicain,* de Marseille, *la Tribune,* de Bordeaux, *le Progrès,* de Lyon, *la Voix du Peuple,* d'Alger, *l'Écho du Loiret,* de Beaugency, *la Défense républicaine,* de Limoges, *la Solidarité,* d'Alger, *les Droits de l'homme,* de Montpellier, *l'Alliance républicaine,* de Mâcon, *le Grelot,* d'Argentan, *la Fraternité,* de Marseille, *le Travailleur du Nord, la Presse indépendante,* d'Angoulême, furent poursuivis. En même temps, quelques mouvements se produisirent en province, où une protestation brûlante avait été répandue (1). Une émeute eut lieu à Pamiers, à la suite des mesures prises par le

(1) Voyez l'Appendice. Note 9.

préfet de l'Ariége, pour empêcher la fuite des chefs de la Commune. A Lyon, l'armée fut consignée et le préfet Valentin fit fermer les portes de la ville. A Marseille, l'autorité militaire crut devoir procéder aussitôt au jugement des prisonniers du mouvement de mars (1). Une certaine agitation se produisit à Voiron (Isère) et fut vigoureusement réprimée. Des arrestations eurent lieu à Bordeaux.

Les journaux étrangers, bien renseignés par leurs correspondants, publièrent des protestations indignées, étouffées en France par le silence de la presse. On ne put cependant cacher le discours prononcé par M. Bébel au parlement prussien ni la lettre du membre de la Chambre des Communes Whalley à l'éditeur du *Daily News*. Des meetings eurent lieu en Angleterre, où l'on déclara que le gouvernement de Versailles avait outragé l'humanité en massacrant de sang-froid les prisonniers communalistes et que la responsabilité de l'exécution des otages pesait exclusivement sur le gouvernement de M. Thiers, qui avait rejeté les ouvertures de conciliation et ordonné le massacre sans distinction d'hommes, de femmes, d'enfants et

(1) Voyez l'Appendice, Note 10.

de prisonniers. A Zurich, à Leipzig, à Bruxelles, de grandes réunions se déclarèrent solidaires de la Commune de Paris, et vouèrent à l'exécration du monde les auteurs des massacres et les gouvernements qui, n'ayant pas fait de remontrance, étaient devenus complices de ce crime. En Espagne, M. Garcia Lopez dit à la tribune des Cortès:

« Nous admirons cette grande révolution que nul ne peut sainement apprécier aujourd'hui, et que ne manqueront pas de bénir les siècles fûturs. Ce serait une déloyauté de notre part, nous méconnaîtrions complétement les lois de la justice si nous donnions notre approbation à une proposition rendant la Commune responsable de crimes dont il est impossible d'avoir la preuve. »

Le conseil général de l'Association internationale, publia à Londres un rapport d'une logique profonde et dont la presse française n'osa reproduire qu'une très-faible partie. « Parce que, disait-il, après la plus terrible guerre des temps modernes, les conquérants et les vaincus ont fraternisé pour le massacre commun des prolétaires, il ne faut pas, comme le fait Bismark, conclure de cet événement sans exemple au refoulement définitif d'une société qui surgit, mais bien à l'effondrement dans la poussière de la classe bourgeoise. Le plus grand effort d'héroïsme dont la vieille société soit encore capable, c'est une guerre nationale. -- et l'on a la preuve aujourd'hui qu'une telle guerre est une simple mystification des gouvernements destinée à différer la lutte entre les classes, et qui cessera dès que les classes descendront dans les rues. Désormais, les gouvernants ne pourront plus donner le change en se déguisant sous des uniformes de couleur différente; tous les gouvernements sont un contre le prolétariat. »

Les massacres duraient encore et les cadavres empestaient Paris, quand M. Thiers *se* promulgua la loi *dont la teneur suit :*

Article unique. Pour l'exécution de la loi du 26 mai dernier, portant reconstruction de la maison de M. Thiers, chef du pouvoir exécutif de la République française, une somme de un million cinquante-trois mille francs (1,053,000 francs) est mise à la disposition personnelle de M. Thiers.

Le président du conseil des ministres, chef du pouvoir exécutif et de la République française,

A. THIERS.

Voilà ces journées de force et de carnage, la plus grande éclipse de civilisation qui, depuis les Césars, ait obscurci le monde. Ainsi Vitellius se rua dans Rome; ainsi, par un mouvement tournant, il cerna ses adversaires; même férocité dans le massacre des prisonniers, des femmes et des enfants; mêmes brassardiers égorgeant à la suite du vainqueur. Mais au moins Vitellius ne parlait pas de civilisation.

Et de cette effroyable tragédie, quel enseignement la bourgeoisie victorieuse a-t-elle retiré? Deux fois en vingt-deux ans elle a vu le peuple dans la rue, armé, terrible, contre une République et cette République prétendant ignorer ce qu'il voulait, l'ignorant peut-être et répondant deux fois : LA MORT. A-t-elle compris? A-t-elle seulement entrevu une idée derrière cette force et, dans ces explosions périodiques, l'effort d'avénement d'un monde qui ne veut pas se soumettre et qui ne peut pas mourir?

Loin de là. Mai 71 trouve la bourgeoisie française cent échelons plus bas que Juin 48. Vingt-deux ans de plébiscites et de transformations économiques n'ont pu ouvrir ni ses yeux ni ses oreilles. Elle n'a rien appris et a tout oublié. Elle est sortie des massacres de Paris comme du cinquième acte d'un drame. Ses fils sont retournés à leurs plaisirs de brutes, ses filles aux obscénités de leurs théâtres et de leurs romans. Le 18 mars n'est pour elle qu'un accident, un fait de hasard, tout au plus une conspiration ; la résistance acharnée de Paris, le râle de quelques scélérats ; l'Internationale, un carbonarisme ouvrier. Le mauvais sang est tiré, tout est fini, tout va rentrer dans l'ordre. Ainsi, au sortir de ces fêtes du cirque, où des milliers de cette secte nouvelle, composée d'esclaves et de femmes, avaient été broyés sous la dent des bêtes, la vieille société romaine, reprenant le chemin de ses débauches, se racontait qu'elle venait de voir les derniers Galiléens.

Juin 1848 a duré trois jours, la Commune de 1871 deux mois. L'avénement graduel, irrésistible des classes ouvrières, tel est le fait culminant du XIXe siècle. Ce siècle est celui des ouvriers, a dit M. Gladstone.

Et M. Thiers, après l'écrasement des ouvriers, a proclamé la fin de la guerre civile! Ainsi Napoléon III, répondant de l'ordre, fermait chaque année l'ère des révolutions. Tous les gouvernements ont prononcé cette parole en France et toujours l'événement a démenti la prédiction. C'est que la guerre civile n'est pas une question de force et de puissance, elle dépend de la différence et de l'antagonisme des intérêts. On a fusillé, on déportera; on a supprimé, on supprimera la presse, l'association. Fort bien, — mais on ne peut déporter tout le peuple des villes, et il faudra bien combler tôt ou tard le vide fait en Mai dans l'industrie française, — mais il est des réunions, des associations nées de la force des choses, ce sont les groupements ouvriers que crée l'organisation du travail. Pour rompre le mouvement socialiste, il faudrait dissoudre les ateliers, fermer les manufactures, boucher les mines, isoler les travailleurs les uns des autres et transformer les villes en d'immenses prisons cellulaires.

Sinon on n'aurait rien fait.

Car l'atelier, c'est la force collective. La force collective, c'est l'idée socialiste, c'est la grève, c'est mieux que la Révolution d'un jour : c'est la Révolution en permanence.

Notez que cette force, cette foule est anonyme. Elle n'a pas de chefs, pas de meneurs. On demande où étaient les grands hommes du 18 mars. Il n'y en avait pas (1) et il est inu-

(1) C'est pitié cependant que de voir des Gaveaux sourire de la Commune. Certes, dans le tumulte d'élections improvisées, grâce aux camaraderies coupables et aux défiances exagérées, beaucoup d'intrigants surprirent un mandat dont ils étaient indignes, et ceux-là disparurent au jour du danger. C'est le sort inévitable de toute révolution naissante, et si la Commune avait pu développer en paix son organisme, elle aurait dans la suite rejeté toutes ces scories. Et cependant, cette pâle représentation de la classe ouvrière compta, toutes proportions gardées, plus d'hommes de valeur que bien des Assemblées. Tous les rouages administratifs de Paris étaient désorganisés, les employés ayant fui à Versailles ; il fallait remonter en quelques heures cette immense machine, sous peine de voir la vie suspendue dans la cité. Les hommes dits *spéciaux*, auraient reculé d'épouvante devant une telle besogne ; ces premiers venus l'entreprirent sans sourciller. A force de travail et de volonté, ils surent en un instant rétablir tous les services : état civil, voierie, eaux, marchés, éclairage, égouts, pompes funèbres, hospices, bibliothèques, archives, musées, etc., etc. Où étaient en 48 les capacités ouvrières ? En 1871, elles surgissent de tous côtés. Du jour au lendemain, un travailleur se révéla capable de diriger avec habileté les postes, les télégraphes, la Monnaie, l'imprimerie nationale, la manutention, etc., toutes fonctions dévolues par la bourgeoisie à ses plus habiles mandarins de première classe, et le seul budge

tile d'en attendre. Mais c'est précisément la puissance de cette Révolution qu'elle est faite par la moyenne des hommes, c'est-à-dire par tout le monde et qu'elle ne dépend pas de quelques cervelles de génie.

Les travailleurs n'ont pas besoin de grands hommes pour s'apercevoir que leur misère a survécu à tous les changements de régime. Depuis le commencement du siècle, il n'est pas de forme gouvernementale que la France n'ait expérimentée, pas de parti politique à qui elle n'ait fourni les instruments du pouvoir, et cependant, l'impôt a crû sans cesse, et des services de l'État, aucun n'a subi une transformation. Monarchiques ou soi-disant républicains, les administrations, les ministères ont traîné après eux leur monde de créatures, leurs budgets, leur vaste parasitisme. Les cultes, l'armée, la diplomatie, la marine, etc., autant de fonctions improductives, dévorantes, néfastes ; la justice, les

que le public ait jamais compris, fut présenté à la Commune par son délégué aux finances. Certaines déclarations officielles pleines d'éloquence et de bon sens resteront des programmes de bonne politique et de revendication sociale. Il n'est pas téméraire de croire que Gaveau, ce Belmontet de l'ordre, n'eût pas aussi facilement triomphé de leurs auteurs que des Assi, Régère, et autres Billiorays.

travaux publics, l'instruction, autant d'usurpations de l'État sur l'initiative libre des groupes naturels. Ce sont ces sept, huit fonctions nuisibles ou abusives, instruments d'autorité pure et simple, qui ont toujours constitué l'État. Qu'ils soient passés de Louis-Philippe à Cavaignac, de Cavaignac à Bonaparte, de Bonaparte à Jules Favre, de Jules Favre à Thiers, ils sont toujours restés les mêmes, et, quoique maniés par des mains différentes, toujours tournés contre les travailleurs.

La classe moyenne n'a pas besoin non plus de grands hommes pour reconnaître qu'elle est absorbée chaque jour par les puissances financières et refoulée dans le prolétariat, comme au moyen âge les petits propriétaires furent réduits par la féodalité à la condition des serfs d'origine. Elle se sent fort bien à la merci de la haute bourgeoisie qui lui laisse glaner çà et là quelques maigres places, et du capitaliste qui peut, en ouvrant ou en fermant la main, lui donner ou lui ôter la vie. Elle comprend aussi, sans avoir besoin d'aucune révélation, que le premier bien d'une République, c'est d'être publique et non la domination d'un parti, d'une caste, d'une classe, et que c'est un singulier moyen de refaire la France, que de conserver les institutions sous lesquelles elle vient de s'écrouler.

Que fera M. Thiers, que fera sa bourgeoisie contre la coalition de ces deux classes, coalition imminente, facile, car il est un minimum de réformes sociales sur lesquelles l'accord peut se conclure immédiatement? Ici, tous les moyens de domination et de corruption échouent. Car ce qu'il faut combattre, ce ne sont pas des partis, c'est l'universalité des travailleurs, ce ne sont pas les combinaisons d'un jour, mais les lois mêmes du monde économique, ce ne sont pas, en un mot, les volontés ou le caprice des hommes, c'est la force inexorable des choses. Au jour de cette union inévitable, la vieille société ne pourra que s'effondrer sans même tenter la lutte, car tout ce qui n'est ni gendarme, ni fonctionnaire, ni capitaliste, n'a aucun intérêt à sa conservation.

Alors, et alors seulement, la guerre civile sera devenue impossible, mais parce que la Révolution aura repris son cours et substitué sa méthode scientifique à l'empirisme des dictatures. Au lieu de charger des hommes plus ou moins illustres de penser pour elle et de lui fabriquer des lois, la France, s'interrogeant dans ses foyers, recherchera les lois mystérieuses qui la mènent. Ses différents groupes industriels et agricoles énonceront chacun, dans leurs cahiers, leurs griefs, leurs intérêts propres, les réformes dont ils ont besoin selon la méthode de 89. Des délégués spéciaux à chaque groupe réduiront ensuite ces cahiers, et de cet ensemble de faits particuliers, les rapports, c'est-à-dire les lois générales de l'ordre et de l'équilibre entre les intérêts divers se dégageront d'eux-mêmes et sans l'intervention d'aucun génie.

Mais tant que l'indépendance et l'union vivifiante des groupes ne sera pas substituée à la centralisation et à l'unité anémique ; tant que la France remplaçant des Assemblées par des Assemblées ne fera pas sélection d'idées avant de faire élection d'hommes ; tant que les questions sociales seront reléguées parmi les « *questions latérales* » pour faire place aux chimères de revanche armée et de réorganisation gouvernementale, le chien de la guerre civile hurlera sur notre pays.

La Révolution du 18 mars a dégagé et mis en pleine lumière trois faits contestés ou entrevus à peine jusque là : — l'incapacité constitutive de la haute bourgeoisie à opérer aucune des transformations réclamées par la loi du progrès ; — la réduction de tous les partis unitaires, républicains ou monarchiques (1), au même dénominateur : l'Empire ; — l'avénement d'un droit nouveau, le droit économique, ayant pour drapeau la République fédérative, pour soldat la classe laborieuse, non plus instinctive ou crédule comme en 1830 et en 1848, mais sachant ce qu'elle veut et quel est le problème, tenant en égale défiance tous les partis et tous les hommes, ne comptant que sur *elle seule*, âpre au travail, à l'étude, au combat.

Ainsi, devant la bourgeoisie décrépite, s'affaissant de plus en plus dans sa pourriture, le quatrième Etat, jeune, sain, intelligent, se dresse comme autrefois le Tiers devant les ordres privilégiés.

Jamais le socialisme ouvrier n'a été aussi vivant que depuis la chute de la Commune. Il est aujourd'hui la seule préoccupation véritable des gouvernants. A quoi donc auront servi tant de massacres, sinon à prouver que le vieux

(1) « Je vois avec une certaine satisfaction la République forcée de sévir contre ceux-là même qui, pendant vingt-trois ans, ont attaqué mon gouvernement, et obligée de recourir à la plupart des mesures que j'avais cru indispensables pour maintenir l'ordre. »

(*Manifeste de Napoléon III, publié par le* TIMES. — Octobre 1871.)

monde est bien fini, que tout retour au passé est impossible? L'ignorance de la bourgeoisie peut seule lui donner le change à cet égard. Depuis le 18 mars, le câble est rompu.

APPENDICE.

(Note 1.)

Soldats de l'armée de Versailles,

Le peuple de Paris ne croira jamais que vous puissiez diriger contre lui vos armes, quand sa poitrine touchera les vôtres ; vos mains reculeraient devant un acte qui serait un véritable fratricide.

Comme nous, vous êtes prolétaires ; comme nous, vous avez intérêt à ne plus laisser aux monarchistes conjurés le droit de boire votre sang comme ils boivent vos sueurs.

Ce que vous avez fait au 18 mars, vous le ferez encore, et le peuple n'aura pas la douleur de combattre des hommes qu'il regarde comme des frères, et qu'il voudrait voir s'asseoir avec lui au banquet civique de la liberté et de l'égalité.

Venez à nous, frères, venez à nous ; nos bras vous sont ouverts !

3 prairial an 79.

Le Comité de Salut public,

ANT. ARNAUD, BILLIORAY, E. EUDES,
F. GAMBON, G. RANVIER.

Le Comité de Salut public autorise les chefs de barricades à requérir l'ouvertures des portes des maisons, là où ils le jugeront nécessaire.

A réquisitionner pour leurs hommes tous les vivres et objets utiles à la défense, dont ils feront recépissé et dont la Commune fera état à qui de droit.

Paris, le 3 prairial an 79.

Le membre du Comité de Salut public,
G. RANVIER.

(Note 2.)

Notice sur la condamnation et la mort de Tony Moilin.

Quelques journaux de Paris ont raconté, et plusieurs personnes ont répété que Tony Moilin avait été condamné, puis fusillé, pour avoir été pris, le 27 mai, les armes à la main.

Ce récit est inexact.

T. Moilin n'a jamais eu les armes à la main, ni le 27 mai, ni auparavant.

Durant le siége de Paris, et depuis le 18 mars, il a été attaché comme médecin aide-major à un bataillon de la garde nationale de Paris : c'est en cette qualité qu'au temps du second siége, il a quelquefois suivi son bataillon hors de l'enceinte fortifiée, non pour se battre, mais pour donner des soins aux blessés.

Il est hors de doute qu'il n'aurait pu refuser ce service sans se compromettre gravement vis-à-vis de la Commune, qui l'aurait fait emprisonner ou même fusiller (1).

(1) Nous laissons au correspondant la responsabilité de cette étrange assertion. Quand la Commune a-t-elle fait fusiller, ou seulement arrêter un fonctionnaire ou un médecin qui lui refusait ses services ?

Il est également faux que la Commune ait fait fusiller « un

La cour martiale s'est empressée de reconnaître que M. Moilin n'était point recherché pour un semblable fait. Il a été arrêté dans la soirée du 27 mai, chez lui, rue de Seine. Conduit immédiatement devant la cour martiale, qui siégeait au Luxembourg, il a été jugé et condamné à être passé par les armes. Le tout a duré quelques minutes à peine, *moins de temps que l'on en met à le raconter*.

Un seul fait fut reproché à M. T. Moilin : celui de s'être, le 18 mars, emparé de la mairie de son arrondissement, et d'avoir ainsi contribué à donner le signal de l'insurrection. On lui représenta une sorte de décharge donnée par lui, ce jour-là, à M. Hérisson, le maire qu'il avait remplacé. Aucun témoin ne fut entendu.

T. Moilin convint du fait incriminé ; il ajouta qu'il avait exercé les fonctions de maire pendant deux jours à peine ; qu'au bout de ce temps, peu d'accord avec les hommes de la Commune, il avait cessé volontairement de paraître à la mairie, où il avait été aussitôt remplacé.

Il dit aussi qu'il avait été entraîné à cet acte presque malgré lui, par des gardes nationaux de son quartier ; que, depuis, il avait constamment refusé les candidatures et les emplois qui lui avaient été offerts, et n'avait participé en quoi que ce fût aux actes de la Commune, bien moins encore aux deux crimes reprochés aux insurgés ; qu'il s'était borné à faire un service médical, à secourir des malades et des blessés.

La cour martiale demanda compte à Moilin de son temps et de ses actes depuis le jour de l'entrée de l'armée de Versailles dans Paris. Il répondit que, signalé depuis longtemps, notamment par le procès de Blois et par ses écrits, comme l'un des chefs du parti socialiste, ayant à répondre de la prise de possession

seul réfractaire. » Le démenti le plus catégorique fut donné à cet égard par LE PRÉSIDENT DU 4e CONSEIL DE GUERRE de Versailles, répondant à des accusés qui prétendaient avoir été contraints de marcher sous peine de mort.

de la mairie du VIIIme arrondissement, au 18 mars, redoutant une justice par trop sommaire et les fureurs des premiers moments, il avait cherché et trouvé un asile chez des amis, et cela depuis le lundi matin jusqu'au samedi soir. Invité à nommer les personnes qui l'avaient reçu, il s'y refusa d'abord, pour ne point les compromettre; mais, sur l'assurance qui lui fut donnée qu'en les nommant il ne leur ferait courir aucun danger, une personne qui l'assistait, celle qu'il épousa deux heures après, donna aux juges ce document, qu'il a dépendu d'eux de vérifier.

La cour apprit donc que T. Moilin avait trouvé un asile chez un ami intime, son compatriote, médecin comme lui, mais d'une opinion politique différente, conservateur et membre du conseil général de son département; qu'accueilli d'abord par cet ami à bras ouverts, même avec de vifs remercîments pour la confiance et la préférence qu'on lui accordait, ce dévouement, quelques jours après, avait fait place à la peur; que le samedi soir, 27 mai, cet ami avait prié son hôte de quitter sa retraite et de chercher ailleurs que chez lui un refuge, ce que T. Moilin ne s'était point fait dire deux fois; qu'au sortir de cette maison peu hospitalière, découragé, ne cherchant plus à disputer sa liberté, ni même sa vie, il était rentré chez lui, rue de Seine, où, sur la dénonciation de son portier et de ses voisins, il avait été presque aussitôt arrêté et conduit au Luxembourg devant la cour martiale.

A ce récit se borna la défense de T. Moilin, qui fut immédiatement condamné à mort. La cour *voulut bien lui dire que le fait de la mairie, le seul qu'on lui pût reprocher, avait en lui-même peu de gravité, et ne méritait point la mort, mais qu'il était un des chefs du parti socialiste, dangereux par ses talents, son caractère et son influence sur les masses, un de ces hommes, enfin, dont un gouvernement prudent et sage doit se débarrasser, lorsqu'il en trouve l'occa-*

sion légitime. T. Moilin convint volontiers de tout cela ; il reçut, d'ailleurs, de grands compliments sur la façon convenable et digne dont il s'était exprimé ; sur la fermeté, exempte d'affectation et de forfanterie, qu'il avait montrée ; seulement, l'un des officiers qui composaient la cour, à propos de cet ami qui l'avait mis à la porte à l'heure du plus grand danger, lui fit observer qu'il avait là un singulier ami !

Tony Moilin n'eut qu'à se louer de l'urbanité des membres de la cour. On lui accorda sans difficulté un répit de douze heures, pour qu'il pût faire son testament, écrire quelques mots d'adieux à son père, enfin donner son nom à une personne qui lui avait, dans le procès de Blois et depuis, montré le plus rare dévouement. Après ces devoirs remplis, le 28 mai au matin, Tony Moilin fut conduit à quelques pas du palais, dans le jardin, et fusillé ! Son corps, que sa veuve avait réclamé, et que l'on avait d'abord promis de rendre, lui fut refusé. L'on dit, pour raison de ce refus, que l'autorité ne voulait point que la tombe de T. Moilin, de qui le parti socialiste ferait sans doute un martyr, devînt l'occasion et le théâtre de rassemblements tumultueux. Sur l'insistance de la famille, M. le général de Cissey a fini par répondre qu'il regrettait qu'on ne pût lui délivrer ces tristes restes, mais qu'ils avaient été confondus avec ceux d'un grand nombre de condamnés, et qu'il était impossible de les reconnaître

Ce jugement de la cour martiale du 2me corps d'armée fut le dernier qu'elle prononça. A partir du 28 mai, tous les accusés, même ceux pris les armes à la main (1), même les chefs de l'insurrection les plus coupables, furent conduits à Versailles et déférés aux conseils de guerre ; ils ne sont pas encore jugés aujourd'hui.

Si l'ami de T. Moilin eût conservé son dévouement vingt-quatre heures de plus, ce dernier échappait à la

(1) Le correspondant ne parle sans doute que de la cour martiale du 2me corps.

juridiction des cours martiales ; traduit devant un conseil de guerre ou une cour d'assises, il aurait pu présenter une défense plus ample et plus efficace, faire entendre des témoins, et réduire à sa valeur légale l'accusation portée contre lui.

Pour le fait qu'on lui imputait, auquel il avait de lui-même et si promptement mis fin, fait qui, depuis quelques mois, s'est reproduit tant de fois dans notre malheureux pays, à peu près impunément, il eût été vraisemblablement condamné à une peine légère, moindre à coup sûr que la mort et, sans doute, bientôt amnistié.

Périgueux, le 17 juin 1871.

(Écho de la Dordogne.)

(Note 3.)

Nous donnons, *d'après les journaux versaillais*, la liste des personnes fusillées à Paris du 18 mars au 27 mai. Nous ajoutons même le nom du commandant Ségoyer, omis par ces messieurs.

Il résulte de cette énumération que *deux* individus, les généraux Clément Thomas et Lecomte, furent fusillés du 18 mars au 23 mai et *soixante-quatre* du 23 au 27 mai, — en tout *soixante-six*.

Ces exécutions eurent lieu soit avant l'élection de la Commune, soit quand elle était dissoute de fait, sans aucune autorité, toujours en dehors de son action ; il n'y eut parmi les otages ni un vieillard, ni une femme, ni un enfant, ni un blessé : quarante sur soixante-six avaient été convaincus d'avoir tiré ou commandé le feu contre les Parisiens.

Nous attendons maintenant que les Versaillais veuillent bien publier : 1° les noms des prisonniers fédérés qu'ils ont fusillés depuis l'ouverture des hostilités jusqu'à l'entrée de l'armée dans Paris ; 2° les noms des vingt mille hommes, femmes, enfants, vieillards blessés, fusillés à Paris en vertu des ordres de M. Thiers et des généraux, du 22 mai au 15 juin, froidement et pour la plupart après la bataille ; 3° les noms des fusillés à Versailles, Satory, Bicêtre, Montrouge, etc., etc. ; 4° les noms des prisonniers morts à Versailles, sur les pontons et dans les forts ; 5° la liste exacte des soixante mille prisonniers.

OFFICIERS. — Général Clément Thomas ; général Lecomte ; Ségoyer, commandant.

JÉSUITES ET DOMINICAINS. — Clere ; Allard ; Ducoudray ; Captier ; Cotrault ; Baudard ; Olivaint ; Caubert ; de Bengy ; Radigue ; Tuffier ; Rouchouze ; Tardieu ; Planchat ; Sabbatier ; Seigneret.

PRÊTRES. — Darboy, archevêque ; l'abbé Deguerry, curé ; Surat, évêque ; Becourt, curé ; Huillon, missionnaire.

DIVERS. — Bonjean, ex-sénateur ; Jecker ; Chaudey, ex-adjoint de Jules Ferry ; plus deux individus dont les noms nous manquent.

GENDARMES ET SERGENTS DE VILLE. — Belamy ; Blanchesdini ; Bermond ; Biollard ; Barlottei ; Bodin ; Breton ; Chapuis ; Cousin ; Coudeville ; Colomboni ; Ducros ; Dupré ; Doublet ; Fischer ; Gauthier ; Garodet ; Geanty ; Jourès ; Keller ; Marchetti ; Mangenot ; Margueritte ; Mannoni ; Mouillie ; Marty ; Millotte ; Pauly ; Paul ; Pons ; Poirot ; Pourtau ; Salder ; Vallette ; Weiss ; Walter.

(Note 4.)

Voici la prétendue traduction de la lettre adressée au *Morning-Post*, publiée par l'*Officiel* de M. Thiers :

A l'éditeur du *Morning Post*.

PROTESTATION.

Monsieur,

Nous lisons aujourd'hui qu'une nouvelle boucherie a eu lieu à Versailles : 150 hommes ont été massacrés (*have been butchered*). Je désirerais savoir enfin si notre horreur du meurtre a deux poids et deux mesures. Le meurtre cesse-t-il d'être inique, lorsque les meurtriers sont du parti de l'ordre et non de la Commune? Lorsqu'ils assassinent au nom de la religion, sont ils plus justifiables qu'en se drapant dans l'athéisme?

Sans doute, le parti de l'ordre a raison de traiter d'assassins et d'incendiaires les gens de la Commune ; est-ce une raison, pour lui, de continuer à faire un métier de boucher? Tel est cependant le fanatisme que la guerre civile a soufflé dans les esprits.

Les communeux ont massacré 64 otages ; c'est vrai : ils se sont conduits en bêtes fauves, on les traite en bêtes fauves. Cependant, cet abominable crime, les communeux ne s'en sont rendus coupables que sous la pression des êtres désespérés entre les mains desquels était tombé le pouvoir; et ces hommes eux-mêmes étaient enveloppés d'un cercle de flammes et de plomb. Mais que dire des infamies commises par l'autre camp? On vient d'exécuter 13 femmes après les avoir publiquement outragées (*disgraded*) en pleine place Vendôme. En même temps, une lettre nous informe qu'un convoi de vingt à trente filles, bien mises, des ouvrières d'un établissement de couture, était aussi dirigé sur la place Vendôme pour y être aussi fusillées et peut-être aussi outragées.

On a beaucoup parlé des pétroleuses; seulement, on n'a encore découvert aucun document de nature à éclairer le mystère de l'organisation. Ce corps n'a jamais existé qu'à l'état de fantôme, hantant l'imagination des journalistes.

Ces infâmes forfaits continuent, et pas un gouvernement en Europe n'a le courage, ni même ne manifeste le désir de protester contre eux. Probablement, sans doute, les États européens partagent l'erreur du gouvernement des réactionnaires de Versailles : que le sang versé est la seule solution possible des problèmes politiques et sociaux. C'est bien; mais ils jouent leur vie sur un dilemme. La violence engendre la violence; l'héritière fatidique de l'autorité brutale est la brutalité révoltée.

FRÉDÉRICK A. MAXSE.

Londres, 10 juin 1871.

Voici maintenant la protestation de M. Maxse, contre la falsification de sa lettre du 10 :

Au Directeur du *Morning-Post*.

Monsieur,

J'ai eu l'occasion maintenant de consulter la version officielle française de la lettre que je vous ai adressée le 10 de ce mois, et qui a été l'objet de tant d'indignation. Si la traduction officielle était exacte, assurément il y aurait toute excuse pour l'indignation française; mais je dois vous informer que la version publiée par le *Journal officiel* est une falsification de ma véritable lettre.

En premier lieu, bien que la version officielle prétende reproduire ma lettre en entier, en la faisant précéder de son adresse et suivre de ma signature, il n'y a pas moins de 45 lignes d'impression sur 85 de supprimées. Les passages omis étaient très-importants, et déterminaient tout le caractère de ma lettre. Je soumets à l'appréciation de vos lecteurs la manière dont les autres passages ont été falsifiés, en les plaçant en colonnes parallèles :

LETTRE ORIGINALE *Traduction.*	VERSION OFFICIELLE FRANÇAISE.
« Sans doute le parti qui est au pouvoir, *considère honnêtement* les communistes comme de simples assassins et incendiaires, et pour ce motif il continue avec une parfaite tranquillité de conscience à les massacrer comme faux pompiers. »	« Sans doute, le parti de l'ordre *a raison de traiter* d'assassins et d'incendiaires les gens de la Commune ; est ce une raison pour lui de continuer à faire un métier de boucher ? »
« Si des hommes *sont traités* comme des bêtes féroces, ils deviendront des bêtes féroces. »	« Les communeux *se sont conduits* en bêtes fauves ; on les traite en bêtes fauves. »
« Qui peut oublier le mémorable passage d'un télégramme spécial publié par un de nos confrères *il y a une quinzaine de jours* seulement ? « Treize femmes viennent d'être exécutées après avoir été publiquement outragées sur la place Vendôme. »	« On *vient d'exécuter* 12 femmes après les avoir publiquement outragées. »

J'ai désigné par des italiques les mots qui ont été spécialement dénaturés. La transformation la plus flagrante du sens et des mots se trouve dans le dernier de ces passages, et c'est là que se trouve l'insulte qui a causé tant d'irritation à Paris. Vous remarquerez que dans la version française on me fait parler à la première personne du temps présent, tandis que dans l'original, je cite un passage guillemeté d'une communication publiée « il y a une quinzaine ». Comme si, cependant, cette falsification n'était pas suffisamment malveillante par elle-même, le directeur du *Journal officiel*, en présentant cette précieuse traduction au public français, est assez dépourvu de scrupules pour me représenter comme déclarant « *qu'à l'heure où nous écrivons* on assassine les femmes sur la place Vendôme, après les avoir déshonorées. »

Je suis fondé à dire que cette falsification est « délibérée, » parce que le directeur du *Journal officiel* a refusé ma rectification. Je lui ai envoyé jeudi une traduction de ma seconde lettre, publiée dans votre journal du 20, en faisant appel à ses sentiments d'impartialité pour qu'il la publiât, et je protestai en même temps contre la traduction erronée qui avait paru de ma première lettre, faisant aussi ressortir que, bien que le mot « outragées » (*disgraced*) soit susceptible d'une interprétation odieuse, il n'implique pas nécessairement la signification qu'il y a donnée, et j'ajoutai que l'explication exacte de l'expression ne pouvait être obtenue que du correspondant du *Times*, qui est le premier responsable de son emploi.

J'expliquai aussi que la nouvelle que 150 prisonniers avaient été récemment fusillés, avait été publiée parmi les télégrammes de l'Agence Reuter, dans les journaux de Londres du 9 et du 10, en exprimant ma satisfaction de ce que cette nouvelle eût été démentie, et mon extrême regret d'avoir contribué, quoique involontairement, à répandre cette fausse nouvelle. Le *Journal officiel* n'a pas accordé la moindre attention à ma communication.

La calomnie, avec mon nom y attaché, a, par conséquent, encore la sanction officielle auprès du public parisien, et sous le règne de terreur qui existe actuellement à Paris, il n'y a pas à espérer qu'aucun autre journal français ose la dévoiler ; en fait, le directeur d'un journal important, que je ne nommerai pas, m'a donné à entendre qu'il ne serait pas prudent de publier la traduction de la second lettre adressée au *Morning-Post,* et refusée par le *Journal officiel.*

Je dois donc chercher réparation par la presse anglaise : et après les explications que j'ai données, je me sens parfaitement certain que, dans l'opinion des gens impartiaux, l'accusation d'avoir publié « d'infâmes inventions » est transférée de moi aux directeurs du *Journal officiel* de Versailles ; et que s'il est question de poursuites pour « d'odieux libelles », ces messieurs seront placés au banc de la défense.

Votre obéissant serviteur,

FRÉD. A. MAXSE.

Paris, 25 juin

(Note 5.)

On lisait dans le journal le *Globe* :

« Peu de jours après la chute de la Commune, un membre de l'Assemblée nationale eut la curiosité d'aller voir les femmes prisonnières à Versailles. A peine avait-il pénétré dans la cour où se trouvaient réunies deux ou trois cents de ces malheureuses, qu'il se sentit saisir le bras par l'une d'elles, couverte de vêtements en lambeaux :

» — Ne me quittez pas, monsieur, s'écria-t-elle.

» Il essaya de se dégager ; la femme se cramponna plus fort à son bras, en lui disant :

» — Pour l'amour de Dieu, ne me quittez pas ; regardez-moi.

» Le député jeta alors les yeux sur la prisonnière et ne put retenir une exclamation de surprise.

» — Grand Dieu ! madame, vous ici ?

» Il venait de reconnaître une de ses amies, femme riche et distinguée, qui habite Paris. La dame fondit en larmes, puis raconta son histoire.

» Le jeudi 23 mai, après que la bataille eut cessé dans son quartier, cette dame sortit et se rendit chez son teinturier pour y réclamer quelques objets. En sortant de sa boutique, elle se trouva au milieu d'un groupe de femmes qui fuyaient, poursuivies par des soldats.

» — Arrêtez-les, criait-on, ce sont des pétroleuses!

» Au même instant, les femmes furent cernées, Mme X... avec elles, et malgré ses protestations envoyée à Versailles. La route se fit à pied, et on ne peut se faire une idée des souffrances morales et physiques de l'infortunée prisonnière. La fatigue, la faim, la soif avaient épuisé ses forces. A Versailles, tous les efforts qu'elle tenta pour communiquer avec sa famille ou ses amis furent infructueux. Tout le monde voyait en elle une véritable incendiaire. Personne ne voulut croire qu'elle fut une femme honnête. Le député se hâta naturellement de la faire relâcher. Sans lui, elle aurait pu être transportée avec ses compagnes dans quelque maison pénitentiaire pour y attendre pendant des semaines et des mois la sentence du conseil de guerre Cette dame est persuadée que nombre de prisonnières étaient tout aussi innocentes qu'elle ; mais, ajoute-t-elle, nous étions traitées avec la même rigueur que les vraies coupables. Mme X... ne parle qu'avec horreur des scènes auxquelles elle a assisté pendant sa captivité.

(Note 6.)

« M. Frédéric Morin, comme préfet du département de Saône-et-Loire, s'était trouvé en relations *peu agréables* avec un certain général *auxiliaire* nommé Franzini, commandant des mobiles de la Savoie, et avec un autre général non moins auxiliaire, M. Pradier, de son métier capitaine de vaisseau.

» Le jour de l'enterrement du regretté Chaudey,

après avoir assisté aux obsèques de son ancien collaborateur, il passait sur le boulevard des Italiens ; il y fit la rencontre de M. Franzini, dont il ignore le titre actuel, et que d'ailleurs il ne reconnut pas. M. Franzini l'interpella en ces termes :

» — Ah ! vous avez voulu m'arrêter ! eh bien ! c'est moi qui vous arrête.

» — Quand j'ai donné l'ordre de votre arrestation, répondit M. Morin, j'accomplissais un devoir, j'avais un mandat régulier ; montrez-moi le vôtre.

» — Est-ce que j'ai besoin de cela ? répliqua Franzini. Puis il poussa une tirade plus virulente qu'académique, qu'il termina par ces mots : — D'ailleurs n'avez-vous pas écrit au *Rappel?*

» M. Frédéric Morin avait en effet écrit au *Rappel* plusieurs articles de critique courageuse contre la Commune.

» M. Franzini fit conduire M. Frédéric Morin — entre deux soldats — à pied, dans les rues de Paris, au général Pradier, non pas, il est vrai, au malheureux Pradier qui était rentré dans la marine, mais à son frère.

» Celui ci fut plus brusque encore que Franzini.

» — Ah ! vous avez voulu *faire assassiner* mon frère (sic) ; eh bien ! je vous tiens !

» Et là-dessus coups de poing dans le chapeau de l'ancien préfet de Saône-et-Loire, mots violents et grossiers, menaces absurdes. M. Morin eut la force de se contenir.

» Après cette scène violente, M. Frédéric Morin fut conduit aux Champs-Elysées, chez le général de Gallifet et lui demanda vainement d'être conduit chez le préfet de la Seine, M. Jules Ferry, qui aurait pu lui rendre témoignage. Refus absolu. L'ancien préfet, fut conduit à une espèce de campement, où on ne lui permit même pas d'écrire une lettre, et le lendemain dirigé sur Versailles.

» Pendant tout ce temps, il entendit vingt fois au

moins des officiers plus ou moins supérieurs dire en le désignant : *Au premier mouvement, qu'on le fusille.*

» Une fois à Versailles, M. Morin était à l'abri de MM. Franzini et Pradier, et naturellement, après trois minutes d'interrogatoire (interrogatoire qui fut différé illégalement jusqu'au mercredi), il fut mis en liberté.

» Si un homme qui a joué un rôle politique, qui a été conseiller général, préfet, a pu être traité comme nous venons de le raconter, on se demande avec effroi ce qui est arrivé à d'autres citoyens inconnus qui avaient le malheur d'être désignés par des haines personnelles. »

(Progrès de Lyon.)

(Note 7.)

La citoyenne A..., une grande personne d'un certain âge déjà, elle peut bien avoir quarante ans, ayant dû être belle autrefois et ayant conservé de ce passé une grande opinion d'elle-même et de son influence, vint s'asseoir à côté de l'officier d'état-major qui remplaçait Delescluze; elle s'entretint quelque temps avec lui à voix basse.

Le citoyen officier signa deux demi-feuilles de papier, les lui remit assez mystérieusement, après quoi elle se leva et sortit du salon rouge.

Dans la salle du peuple, une jeune fille à la mine effrontée l'attendait.

Je suivis un instant ces deux citoyennes, d'ailleurs fort dissemblables, dont l'une était incontestablement la suivante de l'autre, et je les vis se diriger vers les bureaux, qui étaient situés tout le long du couloir qui tournait autour de la cour intérieure et s'ouvraient sur ce même couloir par des portes à un seul battant.

Il y avait là divers services installés depuis peu, vu que jamais je n'ai assisté à de si nombreux changements de locaux que pendant le règne de la Commune à l'Hôtel de ville.

Elles entrèrent premièrement dans le bureau du fond, où l'instruction primaire, sous la direction de Menier et sous l'inspection de Jules Valles, était installée, avant de monter au deux ème étage.

Elles y restèrent quelques instants, puis la camériste sortit avec un assez gros paquet dans les bras ; la citoyenne A... la suivait à une certaine distance, elle ferma tranquillement la porte derrière elle.

Elles pénétrèrent ensuite dans le bureau suivant, puis dans l'autre ; chaque fois le fardeau augmentait ; à la dernière visite, elles étaient fort chargées toutes les deux ; un garde avec de gros paquets à la main les suivait à quelques pas en arrière, comme un valet de bonne maison.

Par simple curiosité, j'entrai à mon tour dans les pièces qu'elles venaient de quitter, et je constatai que dans la première la pendule, les candélabres et les deux coupes en marbre noir venaient de disparaître ; le tapis de la table du second bureau avait servi d'enveloppe ; les rideaux de quatre fenêtres, y compris les deux du troisième bureau, avaient aussi disparu.

Je m'expliquai seulement alors le fardeau du garde qui accompagnait les deux femmes, je me plais à croire que quelque délégué complaisant réquisitionna une voiture pour les citoyennes patriotes qui prenaient tant de soins du mobilier de la Ville.

Le contraire me surprendrait fort.

(*Figaro*, 4 juin.) MARFORI.

(Note 8.)

Delescluze, puisqu'il faut l'appeler par son nom, s'était fait monter, à la mairie du 11e arrondissement, dont il était l'élu à la Commune et qu'il administrait comme délégué, une petite retraite aimable où il venait se reposer des soucis du pouvoir, en compagnie de jeunes vestales, recrutées dans la légion des pétroleuses.

Au surplus, cette Mairie était transformée en phalanstère, et la nuit où y entra le général de Langouriau, — celui-là même qui fut, avec le général Chanzy, traîtreusement arrêté en wagon par ordre de la Commune et gardé prisonnier pendant quelques jours, — elle offrait un spectacle aussi étrange que repoussant.

Chaque couple avait fui de sa chambre en plein désarroi, et ils étaient nombreux, presque toutes les pièces de ce vaste édifice ayant été transformées en chambres à coucher! Ce n'était partout, sur le parquet, sur les meubles, dans les lits défaits, que faux chignons rancis, jupons jaunis, corsets défraîchis, restes de victuailles, fonds de bouteilles, débris et maculatures de toute espèce de l'orgie habituelle de la soirée. Les soldats durent immédiatement procéder au nettoyage et à la désinfection de la Mairie, pour la rendre accessible sans trop de péril pour la vue et l'odorat.

Delescluze, l'Erostrate-Marat, qui vient de « faire à la liberté des funérailles dignes d'elle, » avait donc sa *petite maison* dans ce lieu de délices, et la maîtresse du sieur Verdure, autre élu du XIe arrondissement, laquelle avait été nommée « déléguée » à l'Orphelinat de la rue Oberkamph, employait son importance nouvelle à tout ce qui pouvait procurer d'agréables distractions aux grands hommes de la Commune.

Ces faits étaient déjà connus et presque publics. Or, voilà qu'on vient d'en découvrir, sur leur théâtre même, une de ces preuves irrécusables qui appartiennent à l'histoire et à la conscience publique, et que nous rapportons dans sa nudité révélatrice.

Voici comment la matrone infâme chargée, ne l'oublions pas, de la direction d'une maison de jeunes orphelines de tout âge, la fille de joie accouplée au brigand Verdure, la proxénète de profession et d'expérience, pourvoyait un jour à la lubricité avinée de l'incendiaire en chef de Paris. Certains objets ignobles, trouvés en nombre dans cette Mairie souillée, prouvent d'ailleurs toute la prudence de ce Faublas de la basse démagogie dans la débauche :

« Au citoyen Delescluze.

» Je certifie que la nommée Henriette Dubois est dans *un état de santé et de propreté qui ne laisse absolument rien à désirer.*

» Paris, le 5 mai 1871.

» Citoyenne VERDURE. »

Et voilà ce que valaient les plus illustres d'entre les régénérateurs de l'humanité.

(*Gaulois*, 15 juin. Sans signature.)

(Note 9.)

Dernières nouvelles de Versailles.

Lundi 29 mai, 10 heures du matin.

Paris est écrasé. L'insurrection décapitée roule dans le sang de ses défenseurs. Le carnage farouche, implacable, frappant en aveugle et sans relâche, achève la victoire des amis de l'ordre.

Nous déportons, nous fusillons tout, même les prisonniers blessés à mort.

Nos bons amis, les Prussiens à Saint-Denis, les rois chacun dans son pays respectif, arrêtent et livrent à notre vengeance les rares fugitifs qui essaient d'échapper à la mort. Hurrah ! Paris est écrasé, détruit, vaincu ! L'ordre règne. Les honnêtes gens ont repris le dessus.

Deux cent mille scélérats, en proclamant la Commune, proclamaient, en fait, la République fédérative.

Les monstres ont failli réussir; mais les amis de l'ordre siégeant à l'Assemblée nationale de Versailles, veillaient et ont heureusement déjoué ces coupables manœuvres.

Les républicains honnêtes rendent à la France des services bien précieux : Simon musèle l'instruction, Picard rétablit le timbre et le cautionnement de 25,000 fr. pour les journaux. J. Favre poursuit à l'étranger avec un zèle admirable jusqu'au dernier fugitif.

Les scélérats avaient décrété qu'aucun fonctionnaire ne recevrait un traitement dépassant six mille francs, même un général en chef ; bien plus, ils avaient été jusqu'à s'appliquer à eux-mêmes les effets de cette loi. C'était intolérable. Mais l'ordre est rétabli. Rassurez-vous, doux amis de l'ordre; rentrez en France; rentrez à Paris. Revenez, fidèles et savants capitaines, Lebœuf, de Failly, Fleury, Bazaines de tous grades ; venez participer à la pluie de décorations et de gros traitements que vous avez si bien mérités.

Rentrez aussi, banquiers faiseurs d'affaires, gens à fortunes véreuses, joueurs de Bourse; rentrez, les de Morny, les Mirès, les Robert-Macaire de tous genres; rentrez, loyaux et honnêtes fournisseurs d'armée; rentrez, comtesses, duchesses, cocotes de tous étages : rentrez tous ! L'ordre est rétabli !

Les scélérats avaient décrété la séparation de l'Eglise et de l'Etat, et l'éducation laïque et obligatoire. Horreur ! Tranquillisez-vous, princes de l'Eglise, pieux évêques et archevêques! Les traitements de vingt, trente mille francs vous seront maintenus et augmentés. Rassurez-vous, pieux hommes de Dieu, cafards instituteurs de la jeunesse; rassurez-vous aussi, braves gens de la campagne. Vous pourrez continuer à élever vos enfants, comme vous-mêmes, dans la plus crasseuse ignorance, pour en faire des citoyens dignes du suffrage universel. L'ordre est rétabli.

Rentrez aussi, Piétri, agents de la police ouverte ou secrète, braves gendarmes! Les scélérats ont brisé vos armes chéries, revolvers et casse-têtes, mais nous avons de nouveaux modèles perfectionnés : rentrez! nous avons besoin de vous. L'ordre est rétabli!

Les scélérats ont brûlé l'échafaud. Oh! les Vandales! Qu'es-tu devenue, colonne de l'ordre? Où t'es-tu enfui, serviteur modeste et intelligent, respectable bourreau? Plus que jamais nous avons besoin de tes services. L'ordre est rétabli!

Rentrez tous! Hurrah! O la curée! La France écrasée, mutilée, n'est pas encore morte; elle a la vie dure; il lui reste du sang dans les veines; rentrez, corbeaux, vautours, sangsues. L'ordre est rétabli!

(Note 10.)

Voici un échantillon de la convenance et de la dignité que montra le conseil de guerre :

1er conseil de guerre de la 9e division militaire, séant à Marseille.

Présidence de M. Thomassin, lieutenant-colonel au 84e de ligne.

« Le président. — Voulez-vous nous donner maintenant des explications sur la proclamation dans laquelle vous flétrissez les fonctionnaires restés fidèles à la cause de l'ordre?

» Crémieux. — C'est bien simple; j'étais en ce moment le pouvoir et j'avais le droit d'ordonner que tout le monde m'obéît. »

Le président s'élève, dans un mouvement empreint d'une haute éloquence, contre cette absurde et odieuse prétention. « Vous êtes sorti du sang et de la boue, dit-il à l'accusé; plaise à Dieu que vous n'y retourniez pas! »

Le commandant Villeneuve substitut du commissaire du gouvernement, s'exprima ainsi dans son réquisitoire :

« Ces bohêmes de cape et d'épée sont guidés par les fruits secs de toutes les ambitions décues de tous les échelons, les aventuriers des révolutions avortées.

« Illustres sacripants, leurs noms forment une sinistre légende et leur personnalité est entourée d'une auréole à la nitro-glycérine, à la dynamite et au pétrole... »

ARMÉE D'OPÉRATION.

L'armée d'opération, divisée en cinq corps, était placée sous le commandement en chef du maréchal Mac-Mahon, assisté des généraux Ladmirault, de Cissey, du Barrail, Douay et Clinchant.

L'armée de réserve était commandée par le général Vinoy. Elle devait, dans l'origine, appuyer les mouvements de l'armée principale, mais elle se trouva en première ligne par suite des circonstances imprévues qui amenèrent l'entrée dans Paris. Elle opéra particulièrement au faubourg Saint-Antoine, au faubourg du Temple et à Belleville.

Voici la liste des généraux, des colonels et des officiers d'état-major, telle que la publièrent les journaux du 10 juin.

Un peu plus des deux tiers de ces officiers avaient capitulé devant les Prussiens. Notre prochaine édition portera la lettre C en regard du nom de chacun de ceux-là.

Généraux de division et de brigade.

Abattucci, 1er corps, 1re division, 1re brigade.
Argentolle (d'), 3e corps, 2e division, 2e brigade.
Bachelier, 3e corps, 3e division, 2e brigade.
Bauer (de), 5e corps, 2e division, 1re brigade.
Berckheim (de), commandant l'artillerie du 2e corps.
Bernard (de) de Seigneurens, 2e division, 1re brigade (armée de réserve).
Bernis (de), 3e corps, 3e division, 1re brigade.
Berthaut, 4e corps, 1re division.
Berthe, 1re division, 3e brigade. (Armée de réserve.)
Bonneton, 2e corps, 3e division, 2e brigade.
Boreil, chef d'état-major général de l'armée.
Boscher, 2e corps, 2e division, 1re brigade.
Bouillé (de), chef d'état-major, Clinchant.
Blot, 5e corps, 1re division, 2e brigade.
Blondeau, commandant le génie du 4e corps.
Brettevillois (Le), commandant en chef le génie de l'armée.
Bruat, 2e division. (Armée de réserve.)
Carteret, 4e corps, 1re division, 2re brigade.

Charlemagne, 3e corps, 1re division, 1re brigade.
Cottret, 5e corps, 2e division, 2e brigade.
Cousin, 3e corps, 2e division, 1re brigade.
Derroja, 1re division, 2e brigade. (Armée de réserve.)
Dubost, commandant en chef le génie du 1re corps.
Dumont, 1er corps, 3e division, 1er brigade.
Dupouet, commandant en chef le génie. (Armée de réserve.)
Duprenil, 3e corps, 2e division.
Faron, 1re division. (Armée de réserve.)
Fournès, 4e corps, 2e division, 2e brigade.
Gallifet (de), 1er corps, 1re brigade de cavalerie.
Gandil, 4e corps, 1re division, 1re brigade.
Garnier, 5e corps, 2e division.
Gourcy (de), 5e corps, 1re division, 1re brigade.
Giraud, 4e corps, 2e division, 1re brigade.
Grémion, 3e division, 2e brigade. (Armée de réserve.)
Grenier, 1er corps, 1re division.
Halna du Fretay, 3e corps, 1re division.
Hanrion, 1er corps, 2e division, 2e brigade.
Herrillier (L'), 4e corps, 2e division.
Javain, commandant le génie du 5e corps.
Lacretelle, 2e corps, 3e division.
Lafaille, commandant l'artillerie du 1er corps.
Lajaille (de), 3e corps, 2e division, 1re brigade.

Langourian, 2e division, 2e brigade. (Armée de réserve.)

Laveaucoupet (de), 1er corps, 2e division.

Lefebvre, 1er corps, 3e division, 2e brigade.

Levassor-Sorval, 2e corps, 1re division.

Lian, 2e corps, 1re division, 1re brigade.

Mariouse (de La), 1re division, 1re brigade. (Armée de réserve.)

Montandon, 1er corps, 3e division.

Noël, 2e corps, 3e division, 1re brigade.

Osmont, 2e corps, 1re division, 2e brigade.

Paturel, 2e corps, 2e division, 2e brigade.

Place (de), chef d'état-major de Cissey.

Plessis (du), 5e corps, 1re division.

Pradier, 1er corps, 1re division, 2e brigade.

Princeteau, commandant en chef l'artillerie de l'armée.

René, commandant l'artillerie. (Armée de réserve.)

Renson, chef d'état-major, Douay.

Ressayre, 3e corps, 3e division.

Rivières (de), commandant le génie du 2e corps.

Saget, chef d'état-major, Ladmirault.

Susbielle, 2e corps, 2e division.

Valdan (de), chef d'état-major. (Armée de réserve.)

Vergé, 3e division. (Armée de réserve.)

Vuillemot, sous-chef d'état-major, général de l'armée.

Wolf, 1er corps, 2e division, 1re brigade.

Colonels et officiers d'état-major.

Abzac, colonel aide-de-camp, Mac-Mahon.

Alexandre, colonel au 71e régiment de marche, 1er corps, 2e division, 1re brigade.

Allan, lieutenant-colonel d'état-major, René.

Ameller, colonel au 67e régiment de marche, 1er corps, 2e division, 1re brigade.

Armaillé (le comte d'), capitaine des mobiles, officier d'ordonnance, Vinoy.

Azan, lieutenant-colonel au 2e régiment d'infanterie de marine, 2e division, 2e brigade. (Armée de réserve.)

Bacharach, capitaine d'état-major, Le Brettevillois.

Balland, colonel chef d'état-major, du Barrail.

Baroillet (de), colonel au 65e régiment de ligne, 1re division, 3e brigade. (Armée de réserve.)

Baschis, commandant au 2e bataillon de marche de chasseurs, 1er corps, 2e division, 2e brigade.

Becker, commandant du génie, 1er corps, 3e division, 2e brigade.

Berthier-Henrion, colonel au 70e régiment de marche.

Biadelli, lieutenant-colonel au 38e régiment de marche, 2e corps, 2e division, 2e brigade.

Bocquenet, commandant d'artillerie, 1re division. (Armée de réserve.)

Bodin, commandant d'artillerie, 4e corps, 1re division, 2me brigade.

Boisdenemetz (1), colonel au 135e régiment de ligne, 1er corps, 2e division, 2e brigade.

Bonnet, commandant au 4e bataillon de marche de chasseurs, 2e corps, 1re division, 2e brigade.

Bonroust, colonel au 6e régiment de chasseurs, 3e corps, 3e division, 1re brigade.

Bouché, lieutenant d'état-major général. (Armée de réserve.)

Boudet, lieutenant-colonel chef d'état-major. (Armée de réserve.)

Bouic, capitaine d'état-major, Dupouet.

Boulanger, colonel au 114e régiment de ligne, 2e corps, 1re division, 2e brigade.

Bourcart, chef d'escadron d'état-major général. (Armée de réserve.)

Bourrel, lieutenant-colonel au 40e régiment de marche, 1er corps, 1re division, 1re brigade.

(1) Président du 4e conseil de guerre de Versailles. C'est à ce Trestaillon Prud'homme qu'on doit ce mot mémorable, à un témoin qui attestait l'honnêteté d'un accusé : « *Un honnête homme !* » s'écria Boisdenemetz ; *un homme qui, armé d'un fusil et de cartouches, s'enferme dans un fort et soutient une lutte contre des soldats français, n'est pas un honnête homme.* » Textuel.

Ce misérable, émule de Jeffries, se montra si stupidement féroce, que le gouvernement dut le révoquer de ses fonctions.

Bousquet, colonel au 45e régiment (de Bitche), 1er corps, 1re division, 1re brigade.

Brem (de), colonel au 90e régiment de marche, 3e division, 2e brigade. (Armée de réserve.)

Bressonet, colonel d'état-major, Le Brettevillois.

Bretteville (de), chef de bataillon d'état-major, Le Brettevillois.

Brongnart, sous-lieutenant d'état-major, Princeteau.

Broye (de), lieutenant-colonel, aide-de-camp, Mac-Mahon.

Bussy (de), commandant le génie, 1re division, 3e brigade. (Armée de réserve.)

Caffarel, capitaine d'état-major, Dupouet.

Carrelet, colonel au 2e régiment de hussards, 3e corps, 1re division, 1re brigade.

Cartier, lieutenant-colonel, sous-chef d'état-major, Clinchant.

Castelnau, lieutenant, officier d'ordonnance, Vinoy.

Chauchar, colonel au 37e régiment de marche, 3e division, 1re brigade. (Armée de réserve.)

Chaveyron, colonel au 9e régiment de chasseurs, 1er corps, brigade de cavalerie.

Cherfils, lieutenant d'état-major général. (Armée de réserve.)

Cherpin, capitaine d'état-major, Le Brettevillois.

Chevalier, chef d'escadron d'état-major général de l'armée.

Chevardière (de La) de La Granville, intendant 3e corps.

Chevreuil, lieutenant-colonel au 82e régiment de marche, 2e corps, 1re division, 1re brigade.

Cholleton, colonel au 119e régiment de ligne, 1er corps, 3e division, 2e brigade.

Coatpont (de), lieutenant-colonel, commandant d'état-major, Dubost.

Clappier, colonel sous-chef d'état-major, Douay.

Clément, capitaine d'état-major général. (Armée de réserve.)

Comte, colonel au 42e régiment de ligne, 1re division, 1re brigade. (Armée de réserve.)

Courville (de), colonel d'état-major, Le Brettevillois.

Cornat, colonel au 4e régiment de dragons, 3e corps, 2e division, 1re brigade.

Cramezel de Kerhué, colonel au 3e régiment de hussards, 3e corps, 1re division, 1re brigade.

Darras, capitaine aide-de-camp, du Barrail.

Davoust d'Auerstaedt, colonel au 36e régiment de marche, 1er corps, 3e division, 2e brigade.

Dejean, chef d'escadron d'état-major, Lafaille.

Delpech, lieutenant-colonel au 72e régiment de marche, 1er corps, 1re division, 2e brigade.

Desmol, commandant d'artillerie, 2e corps, 3e division, 2e brigade.

Despetit de La Salle, colonel au 3e régiment de cuirassiers, 3e corps, 2e division, 1re brigade.

Derrien, capitaine d'état-major général.

Dubrot, colonel-capitaine de vaisseau, commandant au 1er régiment de fusiliers-marins, 2e division, 2e brigade. (Armée de réserve.)

Ducos, capitaine d'état-major, Le Brettevillois.

Ducrot, colonel chef d'état-major, Vergé, 3e division. (Armée de réserve.)

Doussot, colonel au 13e régiment provisoire, 5e corps, 2e division, 1re brigade.

Duquesnay, capitaine d'état-major général. (Armée de réserve.)

Etienne, colonel au 79e régiment de marche, 3e division, 1re brigade. (Armée de réserve.)

Fangeron, commandant le génie, 2e corps, 3e division, 2e brigade.

Fayet, chef d'escadron, aide-de-camp de Douay.

Ferron, commandant le génie, 1er corps, 1re division.

Ferté-Senecterre (de La), capitaine d'état-major général.

Filippi, colonel, sous-chef d'état-major général. (Armée de réserve.)

Fischer, lieutenant-colonel au 55e régiment de ligne, 4e corps, 2e division, 1re brigade.

Fouché, capitaine d'état-major général. (Armée de réserve.)

Franchet d'Espérez, commandant des volontaires de Seine-et-Oise, 1er corps, 1re division, 1re brigade.

Frémy, sous-lieutenant, officier d'ordonnance, Vinoy.

Gaetschy, lieutenant-colonel au 46e régiment de marche, 2e corps, 2e division, 1re brigade.

Gathe-César, commandant au 20e bataillon de chasseurs, 1re division, 3e brigade. (Armée de réserve.)

Geoffre (de), capitaine d'état-major, René.

Geslin (de), colonel au 94e régiment de ligne, 4e corps, 1re division, 2e brigade.

Giovanelli, commandant au 19e bataillon de marche, chasseurs, 2e corps, 3e division, 1re brigade.

Gouzy, commandant d'artillerie.

Gras, capitaine d'état-major, Princeteau.

Grellois, médecin en chef. (Armée de réserve.)

Grémelin, colonel de gendarmerie, 1er corps.

Grévy, colonel d'état-major général, Princeteau.

Gressot (de), colonel au 7e régiment de dragons, 3e corps, 3e division, 1re brigade.

Gueytat, lieutenant-colonel au 31e régiment de marche, 1er corps, 3e division, 2e brigade.

Guerry, commandant le génie, 3e division, 2e brigade. (Armée de réserve.)

Lespicaud, colonel au 109e régiment de ligne, 1re division, 2e bataillon. (Armée de réserve.)

Lesur, lieutenant-colonel au 89e régiment de marche, 2e corps, 2e division, 1re brigade.

L'Hotte, colonel au 6e régiment de lanciers, 2e corps, 3e division, 2e brigade.

Lian, colonel au 87e régiment de marche; 1er corps, 1re division, 1re brigade.

Louis, commandant d'artillerie, 3e division, 2e brigade. (Armée de réserve.)

Loyre, commandant du génie, 1er corps, 2e division.

Malaret, colonel au régiment étranger, 1er corps, 3e division, 1re brigade.

Mariotte, chef de bataillon, 17e régiment provisoire, 5e corps, 2e division, 2e bataillon.

Martin, lieutenant d'état-major général.

Masson, chef d'escadron à l'état-major général. (Armée de réserve.)

Mecquenem (de), capitaine d'état-major, Princeteau.

Mercier, capitaine d'état-major, Princeteau.

Mesny, colonel, 39e régiment de ligne, 1er corps, 3e division, 1re brigade.

Michaud, colonel, capitaine de vaisseau, commandant le 2e régiment de fusiliers-marins, 2e division, 1re brigade. (Armée de réserve.)

Michon, commandant du génie, 2e corps, 3e division.

Mieulet de Ricaumont, colonel, 7e régiment de chasseurs, 3e corps, 1re division, 2e brigade.

Mieulet, chef d'escadron, état-major général.

Montels, lieutenant-colonel attaché à l'état-major général. (Armée de réserve.)

Mortray (du), lieutenant d'état-major général. (Armée de réserve.)

Moynier, commandant du 17e bataillon de chasseurs, 2e corps, 2e division, 2e brigade.

Multzer, chef d'escadron à l'état-major. (Armée de réserve.)
Namur, capitaine d'état-major, Princeteau.
Neuvier (de), intendant, 2e corps.
Niel, lieutenant aide de camp. Ladmirault.
O'Brien, lieutenant-colonel du 11e régiment de chasseurs, 3e corps, 1re division, 2e brigade.
Obry, commandant du 23e bataillon de marche, chasseurs, 1er corps, 2e division, 1re brigade.
Pagès, chef d'escadron, d'état-major général. (Armée de réserve.)
Parisot, capitaine d'état-major général.
Péan, colonel, 6e régiment provisoire, 4e corps, 1re division, 2e brigade.
Pereira, colonel, 39e régiment de marche, 2e corps, 3e division, 1re brigade.
Perrin, lieutenant-colonel d'état-major, Dupouet.
Pesme, chef d'escadron, aide de camp, Ladmirault.
Pierre, lieutenant-colonel, 3e régiment de lanciers, 5e corps.
Pioch, commandant d'artillerie, 1er corps, 3e division, 2e brigade.
Pittié, colonel, 68e régiment de marche, 1er corps, 2e division, 1re brigade.
Pognon, capitaine d'état-major, Le Brettevillois.
Ponsargues (de), commandant, 18e bataillon de marche, chasseurs, 2e corps, 2e division, 1re brigade.

Pottier, colonel, 113e régiment de ligne, 2e corps, 1re division, 2e brigade.
Pleuvier, commandant du génie, 2e corps, 1re division, 2e brigade.
Prévost, lieutenant-colonel, chef d'état-major, Blondeau.
Prudhomme, lieutenant-colonel, 45e régiment de marche, 1er corps, 2e division, 2e brigade.
Rabatel, commandant d'artillerie, 2e division, 2e brigade. (Armée de réserve.)
Raffron de Val, commandant, 1re batterie, artillerie à cheval, 3e corps, 2e division, 2e brigade.
Reboul, colonel, 9e régiment de dragons, 3e corps, 2e division, 2e brigade.
Regnault de Presménil, capitaine aide de camp, Dupouet.
Reynach (de), colonel au 12e régiment de chasseurs, 1er corps, brigade de cavalerie.
Richard, commandant du génie, 1er corps, 1re division, 2e brigade.
Roblastre, colonel au 110e régiment de ligne, 1re division, 2e brigade. (Armée de réserve.)
Royer, capitaine aide-de-camp, René.
Rolland, colonel au 15e régiment provisoire, 5e corps, 2e division, 2e brigade.
Rhoté, capitaine d'état-major, Le Brettevillois.
Roudaire, capitaine d'état-major, général. (Armée de réserve.)

Rousset, lieutenant-colonel au 76e régiment de marche, 2e corps, 2e division, 2e brigade.

Roux-Joffrenot de Montlébert, chef d'escadron d'état-major, Princeteau.

Roux, lieutenant-colonel au 58e régiment de ligne, 4e corps, 2e division, 1re brigade.

Rumfort (de), lieutenant officier d'ordonnance, Vinoy.

Sainte-Beuve, commandant du génie, 2e division, 2e brigade. (Armée de réserve.)

Saget, lieutenant-colonel sous-chef d'état-major, Ladmirault.

Salanson, commandant, chef d'état-major, Rivières.

Sancery, capitaine d'état-major, Dupouet.

Santini, intendant, 1er corps.

Sesmaisons(de), chef d'escadron, aide-de camp, Vinoy.

Sevens, colonel au 41e régiment de marche, 2e corps, 3e division, 2e brigade.

Seygland, chef d'escadron, aide-de-camp, Douay.

Schenck, commandant au 10e bataillon des chasseurs, 4e corps, 1re division, 1re brigade.

Schmitz, intendant. (Armée de réserve.)

Suchel, colonel au 74e régiment de marche, 2e division, 1re brigade. (Armée de réserve.)

Tarrillon, commandant au 10e bataillon de marche, 1er corps, 1re division, 2e brigade.

Tartrat, colonel au 36e régiment de marche, 3e division, 2e brigade. (Armée de réserve.)

Teissandier, capitaine du génie, 1er corps, 2e division, 2e brigade.

Tézénas, lieutenant-colonel, chef d'état-major, Javain.

Thenet, chef d'escadron de gendarmerie, grand-prévôt.

Thiéry, colonel au 5e régiment provisoire, 4e corps, 1re division, 1re brigade.

Thomas, lieutenant-colonel au 85e régiment de marche, 2e corps, 1re division, 1re brigade.

Tissier, colonel, attaché d'état-major.

Tour du Pin (de La), capitaine aide-de-camp, Ladmirault.

Trentinian (de), colonel au 1er régiment d'infanterie de marine, 2e division, 1re brigade. (Armée de réserve.)

Turot, capitaine d'état-major, Le Brettevillois.

Uhrich, intendant général, intendant en chef.

Vacossin, lieutenant d'état-major général. (Armée de réserve.)

Valessie, lieutenant-colonel au 64e régiment de ligne, 1re division, 3e brigade. (Armée de réserve.)

Valette (de La), capitaine d'état-major, René.

Valette (de), colonel volontaire de la Seine, 1er corps, 1re division, 2e brigade.

Vanche, colonel au 35e régiment de ligne, 1re division, 1re brigade. (Armée de réserve.)

Vanson, chef d'escadron d'état-major général.

Vasseur, lieutenant-colonel d'état-major général. (Armée de réserve.)

Vaugremont (de), chef d'escadron, officier d'ordonnance de Mac-Mahon.

ERRATA.

Page 9, ligne 15, au lieu de : *on lui doit*, lisez : *on lui dut.*

Page 10, ligne 4, au lieu de : *plus homme de*, lisez : *ayant d'ailleurs plus de.*

Page 10, ligne 9, au lieu de : *installe*, lisez : *installé.*

Page 27, ligne 9, au lieu de : *cercles*, lisez : *demi-cercles.*

Page 49, ligne 7, au lieu de : *délégation*, lisez : *députation.*

Page 74, ligne 23, au lieu de : *un colonel portant le même uniforme que le nouveau venu, entra précisément dans la salle*, lisez : *un colonel portant précisément le même uniforme que le nouveau venu, entra dans la salle.*

Page 101, ligne 4 de la note, au lieu de : *paroles historiques*, lisez : *paroles héroïques.*

Page 121, ligne 12, au lieu de : *le commandant Brunel*, lisez : *le membre de la Commune Brunel.*

Page 170, au renvoi, au lieu de : *V. l'appendice*, lisez : *V. l'appendice, note* 4.

Page 183, lignes 2 et 3 de la note, au lieu de : *en Belgique*, lisez : *à Bruxelles.*

TABLE DES MATIÈRES.

www.ingramcontent.com/pod-product-compliance
Ingram Content Group UK Ltd.
Pitfield, Milton Keynes, MK11 3LW, UK
UKHW021848190726
13855UKWH00001B/211